漫画

中华文化1000问

熊爸老黑◎著绘

光明日报出版社

图书在版编目（CIP）数据

中华文化 1000 问 / 熊爸老黑著绘 . -- 北京 : 光明日报出版社 , 2025. 2. -- ISBN 978-7-5194-8543-6（2025. 4 重印）

Ⅰ . K203-49

中国国家版本馆 CIP 数据核字第 20256G1X60 号

中华文化 1000 问

ZHONGHUA WENHUA 1000 WEN

著　　绘：熊爸老黑

责任编辑：李月娥　　　　责任校对：唐玉兵

封面设计：星星童　　　　责任印制：曹　净

出版发行：光明日报出版社

地　　址：北京市西城区永安路 106 号，100050

电　　话：010-63169890（咨询），010-63131930（邮购）

传　　真：010-63131930

网　　址：http://book.gmw.cn

E－mail：gmrbcbs@gmw.cn

法律顾问：北京市兰台律师事务所龚柳方律师

印　刷：三河市金兆印刷装订有限公司

装　订：三河市金兆印刷装订有限公司

本书如有破损、缺页、装订错误，请与本社联系调换，电话：010-63131930

开　本：170mm × 240mm

字　数：120 千字　　　　印　张：8

版　次：2025 年 2 月第 1 版　　　　印　次：2025 年 4 月第 2 次印刷

书　号：ISBN 978-7-5194-8543-6

定　价：49.80 元

目录

文学常识

历史常识

传统民俗

文化艺术

发明创造

神话人物和典故

山川地理

文学常识

- **先秦文学**
  - **先秦诗歌**
    - 《诗经》——风、雅、颂，赋、比、兴
    - 《楚辞》——以屈原作品为主、《离骚》
  - **先秦散文**
    - 历史散文——《尚书》《春秋》《左传》《国语》《战国策》
    - 诸子散文
      - 儒家——《论语》《孟子》《荀子》
      - 道家——《老子》《庄子》
      - 法家——《韩非子》
      - 墨家——《墨子》
      - 杂家——《吕氏春秋》

中国第一部诗歌总集是什么？

《诗经》。它是中国诗歌现实主义优良传统的源头。收录西周初年至春秋时期的诗歌，共 305 篇，据说是由孔子编定。

《诗经》中的内容主要分为哪三部分？

按照所配乐曲的性质，分为风、雅、颂三部分。风：十五“国风”，共 160 篇，是各地的民间歌谣，以歌颂爱情和劳动为主。雅：分“大雅”和“小雅”，共 105 篇，多为宫廷宴飨或朝会时的乐歌。颂：共 40 篇，多为贵族统治者祭祀的乐歌。

《诗经》的表现手法有哪几种？

主要分为赋、比、兴三种。赋：平铺直叙。比：比喻和比拟。兴：托物起兴。

中国第一部浪漫主义诗歌总集是什么？

《楚辞》。它是由西汉刘向编辑成集。以屈原的作品为主，收录了战国楚人屈原、宋玉及汉代东方朔、王褒、刘向等人辞赋共 17 篇。

中国古代最早的一部历史文献汇编是什么？

《尚书》。它最早被称为《书》，到了汉代被叫作《尚书》，意为“上古之书”。

知识拓展

风骚：“风”指的是《诗经》中的“国风”。《诗经》分为“风、雅、颂”三部分，“风”代表民间文学传统和现实主义精神。

“骚”指《楚辞》中的代表作《离骚》。“骚”代表文人个人情感和浪漫主义精神。“风骚”合起来泛指《诗经》和《楚辞》所代表的两种文学传统。

中国现存的第一部编年体史书是什么？

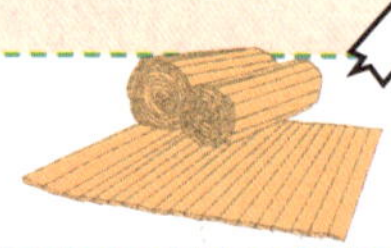

《春秋》。它按年记载了春秋时期鲁国的历史大事。

中国第一部叙事详细、完备的编年体史书是什么？

《左传》。它原名《左氏春秋》，又称《春秋左氏传》，相传是春秋末年鲁国史官左丘明所著，其与《公羊传》《穀梁传》合称“春秋三传”。

中国最早的一部国别体史书是什么？

《国语》。它由春秋末年鲁国史官左丘明所著。

“四书”指什么？

- 《论语》：由孔子弟子及再传弟子编辑而成，以语录体和对话文体为主，记录了孔子及其弟子的言行和思想主张
- 《大学》：出自《礼记》，为论述儒家思想的一篇散文，讲述了修身、齐家、治国、平天下等道理
- 《中庸》：出自《礼记》，探讨了中庸之道，即追求不偏不倚、恰到好处的行为准则
- 《孟子》：由孟子及其弟子编写而成，记录了孟子及其弟子的言行

“五经”指什么？

《诗经》《尚书》《礼记》《周易》和《春秋》。

中国历史上首部完整的哲学著作是什么？

《老子》。它又名《道德经》或《道德真经》，共81章，相传为老子所著。

中国第一部神话集是什么？

《山海经》。它是最有神话学价值的古代文献，以民间传说中的地理知识为主要内容，如山川、物产、药物、祭祀等。

我国西汉著名的百科全书是什么？

《淮南子》。它又名《淮南鸿烈》，由西汉淮南王刘安主持撰写。书中保存了许多神话材料，如《女娲补天》《后羿射日》《共工怒触不周山》等。这些古代神话主要靠这本书得以流传。

“乐府双璧”是指哪两部作品？

汉代《孔雀东南飞》和北朝《木兰诗》。《孔雀东南飞》是汉代古乐府民歌的杰作，也是现存下来的最早的一首长篇叙事诗。《木兰诗》又名《木兰辞》，是北朝民歌。

被称为“五言之冠冕”的是什么?

《古诗十九首》。它由汉代文人创作，是被南朝萧统选录编入《文选》的十九首诗的统称，是乐府古诗文人化的显著标志，是我国文学史上早期抒情诗的典范。

知识拓展

国别体：一种以国家为单位，分别记叙历史事件的史书体裁，始创于左丘明的《国语》。

纪传体：一种以人物传记为中心叙述史实的史书体裁，始创于司马迁的《史记》。

编年体：一种以年代为线索编排有关历史事件的史书体裁，代表作品有《春秋》《左传》《资治通鉴》等。

通史：连贯地记叙各个时代史实的史书，如西汉司马迁的《史记》。

断代史：以朝代为断限的史书，始创于东汉班固的《汉书》。

中国第一部纪传体通史是什么?

《史记》，又称《太史公书》，它是由西汉史学家司马迁所著。《史记》全书共 130 篇，包括十二本纪、三十世家、七十列传、十表、八书，记载了从黄帝到汉武帝时期约 3000 年的历史。它被鲁迅誉为“史家之绝唱，无韵之《离骚》”。《史记》与《资治通鉴》并称为“史学双璧”。

中国第一部纪传体断代史是什么?

《汉书》，又名《前汉书》。与《史记》《后汉书》《三国志》并称“前四史”。《汉书》由东汉史学家班固编著，其中的八表由班固妹妹班昭补写，《天文志》由班昭弟子马续补写。

我国“志人”小说的代表作是什么？

《世说新语》。它记述了东汉至东晋士族阶层各色人物的遗闻逸事。由南朝宋文学家刘义庆组织人编写，对后世文学有很大的影响。它被称为“笔记体”小说。

“三吏三别”分别是哪三吏、哪三别？

三吏：《新安吏》《石壕吏》《潼关吏》。

三别：《新婚别》《垂老别》《无家别》。

这六部作品的作者都是杜甫。杜甫字子美，自称少陵野老，世称杜拾遗、杜工部。与李白齐名，人称“诗圣”。

元代文学

- **元曲大家**：关汉卿、白朴、马致远、郑光祖、张养浩
- **元杂剧四大悲剧**：
  - 关汉卿的《窦娥冤》
  - 白朴的《梧桐雨》
  - 马致远的《汉宫秋》
  - 纪君祥的《赵氏孤儿》
- **元杂剧四大爱情剧**：
  - 王实甫的《西厢记》
  - 关汉卿的《拜月亭》
  - 白朴的《墙头马上》
  - 郑光祖的《倩女离魂》
- **常见曲牌名**：天净沙、山坡羊、朝天子

我国古代文言短篇小说中成就最高的作品集是什么？

《聊斋志异》。作者蒲松龄，世称聊斋先生，清朝文学家。

我国古代优秀的长篇讽刺小说是什么?

《儒林外史》。作者吴敬梓，晚年自称“文木老人”，清代小说家。在艺术上，《儒林外史》的讽刺手法超过了以前任何作品。

中国古代历史剧作成就最高的两部作品是什么?

洪昇的《长生殿》

《长生殿》描写了天宝年间皇帝昏庸、政治腐败给国家带来的巨大灾难，同时又表现了对唐玄宗和杨玉环爱情的同情，展现出了宏大的历史背景和深刻的人性思考。其作者为清代戏曲家、诗人洪昇，与《桃花扇》作者孔尚任并称“南洪北孔”。

孔尚任的《桃花扇》

《桃花扇》描写了明末清初，侯方域和李香君的爱情故事，反映了动荡时代的社会现实和民族矛盾。作者是清初诗人、戏曲家孔尚任。

中国古代四大名著分别是什么?

四大名著

- **《红楼梦》**
  - 作者：曹雪芹
  - 又名《石头记》，中国古典四大名著之首，中国封建社会的百科全书
- **《三国演义》**
  - 作者：罗贯中
  - 我国第一部长篇历史小说
- **《水浒传》**
  - 作者：施耐庵
  - 我国历史上第一部以农民起义为题材的长篇章回体小说
- **《西游记》**
  - 作者：吴承恩
  - 我国古代第一部浪漫主义的长篇神魔小说

《西游记》主要讲述的是什么？

讲述了孙悟空出世，跟随菩提祖师学艺及大闹天宫后，与唐僧、猪八戒、沙僧和白龙马，一路上历经艰险，降妖除魔，终于到达西天取得真经的故事。小说借由唐僧师徒一路上的遭遇，表达了对黑暗现实的讽刺以及对师徒四人不畏艰辛、百折不挠精神的赞扬。

《西游记》中，孙悟空的本领和法器分别是什么？

本领：七十二变、火眼金睛、驾驭筋斗云。

法器：如意金箍棒。它又名“天河定底神珍铁”，据说曾被大禹借去治水。

九齿钉耙是谁的法器？

猪八戒，称号“天蓬元帅”。他因调戏嫦娥，拱倒了斗牛宫以及偷吃了王母娘娘的灵芝菜等被贬下凡。后来跟着唐僧去西天取经。猪八戒虽然好吃懒做、爱占小便宜，但也勇敢憨厚、忠诚顺从。

《西游记》中，唐僧一共收了几个徒弟？

四个。孙悟空，因大闹天宫被如来佛祖压在五行山下，后来被唐僧救出，跟着他去西天取经。猪八戒，本来是天庭的“天蓬元帅”，因为种种过错被贬下凡，错投猪胎，有三十六变、法天象地术的本领。沙僧，原为卷帘大将，因打碎琉璃盏被贬下凡。白龙马，西海龙王的三太子，因为烧毁了玉帝的明珠而触犯天条，后因观世音菩萨出面才免于死罪，被贬到鹰愁涧等待唐僧，是唐僧的坐骑。关于传说中的第五个徒弟，实际上在《西游记》的正文中并没有出现，这个说法可能源于人们对原著某些细节的解读或者民间的传说等。

梁山好汉一共有多少位？

一百零八位。这一百零八位好汉由天罡三十六员和地煞七十二员组成，性格各异，各有所长。其中还有三位女将。

《水浒传》中被称为“智多星”的是谁？

吴用。因为他总能想出精妙的计策，帮助梁山好汉们化险为夷、克敌制胜。他为梁山泊的发展立下大功，因此被尊称为“智多星”，是梁山的核心军师。

《水浒传》中宋江为什么被称为“及时雨”？

宋江之所以被称为“及时雨”，是因为他聪明机智，曾多次在关键时刻为大家提供帮助和解决问题，就像及时的雨水一样滋润着人心。他还善于结交朋友，在梁山好汉中拥有很高的威望。

武松是在清醒的情况下把虎打死的吗？

不是，是在喝醉酒的情况下把老虎打死的。武松在回家乡的路上，喝了很多酒，他不听劝阻，坚持独自上景阳冈。途中遇到了猛虎，于是他为民除害，和老虎展开了搏斗，最终把老虎打死了。从此，武松成为“打虎英雄”。

梁山好汉中的三位女将分别是谁？

扈三娘，绰号“一丈青”。她因为丈八蛇矛和一身青袍闻名于世，并且武艺高超，在梁山好汉中排名第五十九位。顾大嫂，绰号“母大虫”，是一位乡村妇女，性格豪爽，擅长使用双刀。孙二娘，绰号“母夜叉”，表面温柔贤惠，实际心狠手辣，武艺高强。

《水浒传》中倒拔垂杨柳的是谁?

鲁智深，绰号“花和尚”。他面圆耳大，鼻直口方，腮边一部貉绒须，身长八尺，腰阔十围。他脾气暴躁，又疾恶如仇、见义勇为。

风雪山神庙的主人公是谁?

林冲，绰号“豹子头”，他是八十万禁军教头。林冲遭人陷害被发配到沧州，负责看守草料场。在一个风雪交加的夜晚，林冲来到山神庙中避雪，在这里，他无意中得知自己是被陷害的，一怒之下，杀死了陆谦等人。这件事情让林冲对官场仅存的美好愿景化为泡影，最终投靠梁山。

《水浒传》中的黑旋风是谁?

李逵。他长得皮糙肉厚，凶神恶煞，一字赤黄眉，双眼布血丝，打仗时动作勇猛迅捷，像一股黑旋风，所以被人称为“黑旋风”。

《三国演义》讲的是哪三个国家的斗争?

讲述了东汉末年的群雄割据混战和魏、蜀、吴三国之间的政治和军事斗争。

诸葛亮为什么要七擒七纵孟获?

诸葛亮七擒七纵孟获是知道只有彻底收服南蛮首领孟获的心，才能稳定边疆。他通过反复擒拿和释放孟获，逐渐削弱了孟获的斗志，并且在心理上征服了孟获。

草船借箭借的是谁的箭？

曹操的箭。诸葛亮为了解决周瑜出的难题——在三天之内造出10万支箭，利用曹操多疑的心理，在一个大雾天，在船上装满了稻草人，乘船靠近曹营。诸葛亮让士兵敲起了鼓。因为大雾弥漫，曹操只能听见鼓声却不知道有多少敌人，便令人拼命往鼓声响起的方向射箭。就这样，诸葛亮成功“借”到了10万支箭。

《三国演义》中，以少胜多的两场著名战役分别是什么？

官渡之战和赤壁之战。官渡之战是曹操和袁绍之间的战役。曹操采用计谋，袭击袁军屯粮处，火烧粮草，导致他们军心动摇，并趁机进攻袁军，赢得了胜利。这场战役也为曹操统治北方奠定了基础。赤壁之战是曹操和孙刘联军之间的战役。孙刘联军凭借智慧和勇气，仅用五万人就战胜了兵力占优势的曹军。这场战役为刘备、曹操、孙权三国鼎立奠定了基础。

《三国演义》中，最后的赢家是谁？

司马懿家族。司马懿是三国时期著名的政治家和军事家，他先后在曹操、曹丕、曹叡、曹芳手下任职，凭借着智慧和谋略获得了很大的权力。曹芳继位时，他趁机发动政变，夺去了政权。他的孙子司马炎成功取代了曹魏，结束了三国分裂的局面，建立了晋朝。

中国浪漫主义文学的奠基人是谁？

屈原。他是战国时期楚国诗人，是楚辞体（骚体）的创造者。代表作有《离骚》《九章》《天问》《九歌》等。

儒家学派创始人是谁？他的思想核心观念是什么？

孔子。名丘，字仲尼，春秋末期鲁国人，被尊称为“圣人”。“仁”为其思想核心，崇尚礼仪，有教无类。

与孔子并称为“孔孟”的是谁？

孟子。名轲，字子舆，战国时期邹国人，儒家学派代表人物之一，被尊称为“亚圣”。

孟子继承和发展了孔子的德治思想，主张“性善论”“民贵君轻”。

“性恶论”是谁提出来的？

荀子。名况，字卿，战国末期赵国人，思想家、教育家，儒家学派的代表人物之一。荀子强调“礼”在社会中的规范作用，反对孟子的“性善论”，首倡“性恶论”。

道家学派创始人是谁？

老子。名李耳，字聃，春秋时期陈国人，思想家、哲学家。与庄子并称“老庄”。主张“无为而治”“道法自然”。

“天人合一”是谁的思想主张?

庄子。名周，战国时期宋国人，文学家、思想家，道家学派代表人物之一，与老子并称“老庄”。庄子继承和发展了老子的“道法自然”思想，主张“天人合一”“清静无为”。

谁提出了“兼爱”“非攻”的主张?

墨子。名翟(dí)，春秋末期至战国初期宋国人，墨家学派创始人。墨家在先秦时期影响很大，与儒家并称“显学”。墨子主张“兼爱”“非攻”“尚贤”等观点。

“汉赋四大家”是哪四个人?

汉赋四大家

- **司马相如**
  - 字长卿，西汉蜀郡人，被誉为“赋圣”“辞宗”
  - 代表作：《子虚赋》《上林赋》
- **扬雄**
  - 字子云，西汉末年哲学家、辞赋家
  - 代表作：《甘泉赋》《羽猎赋》《长杨赋》
- **班固**
  - 字孟坚，东汉史学家，与司马迁并称“班马”
  - 代表作：《两都赋》
- **张衡**
  - 字平子，东汉天文学家、数学家、发明家、文学家
  - 代表作：《二京赋》《归田赋》

“曹氏三杰”是哪些人?他们是什么关系?

曹操、曹丕、曹植。曹操是曹植和曹丕的父亲，曹丕是曹植的哥哥。

“建安七子”分别指谁?

王粲、孔融、陈琳、徐幹、阮瑀、应玚、刘桢。他们是汉建安年间的七位文学家。

我国田园诗派的鼻祖是谁?

陶渊明。名潜，字元亮，号“五柳先生”，私谥靖节，世称“靖节先生”。东晋杰出的诗人，被誉为“隐逸诗人之宗”“田园诗派之鼻祖”。他的代表作有《归园田居》五首、《饮酒》二十首、《桃花源记》《五柳先生传》《归去来兮辞》。

“初唐四杰”分别是谁?

简介：字子安，“初唐四杰”之首。

代表作：《滕王阁序》《送杜少府之任蜀州》

简介：字令明，以边塞征战诗最为著名。

代表作：《从军行》《出塞》《战城南》《紫骝马》

简介：字昇之，初唐四杰之一。

代表作：《长安古意》《幽忧子集》《行路难》

简介：字观光，7岁时作诗《咏鹅》，被誉为“江南神童”。

代表作：《讨武曌檄》《在狱咏蝉》《于易水送人》

“边塞四诗人”分别是谁?

高适、岑参、王昌龄、王之涣。

被苏轼称赞“诗中有画，画中有诗”的诗人是谁?

王维。字摩诘，信仰佛教，被称为“诗佛”，与孟浩然并称“王孟”。他的代表作有《燕支行》《山居秋暝》《鹿柴》等。他是山水田园诗派的代表人。

被称为“诗仙”的诗人是谁?

李白。字太白，别号青莲居士，人称“诗仙”。与杜甫齐名，人称“李杜”。诗歌风格飘逸豪放，属浪漫主义豪放派，古典诗歌艺术的高峰。他的代表作有《蜀道难》《将进酒》《梦游天姥吟留别》等。

“大李杜”和“小李杜”分别指谁?

李白和杜甫为“大李杜”，李商隐和杜牧为“小李杜”。

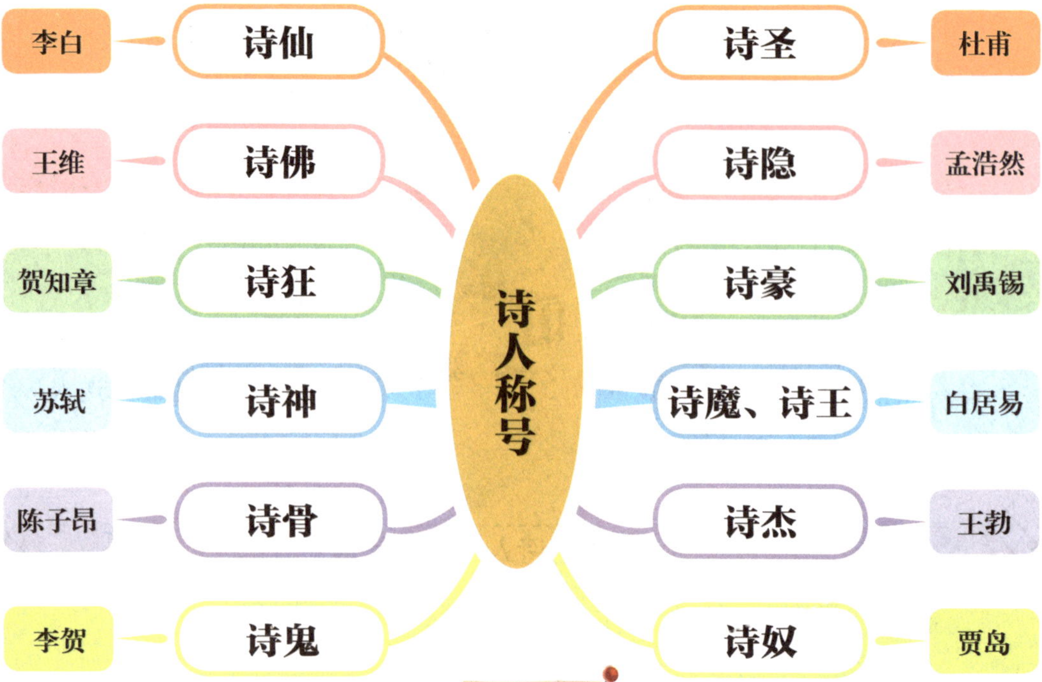

白居易被称为什么？

“诗魔”和“诗王”。白居易，字乐天，晚年又号香山居士。我国唐代著名的现实主义诗人，是中国文学史上负有盛名且影响深远的诗人和文学家。他的代表作有《长恨歌》《琵琶行》《卖炭翁》等。

“花间词派”的鼻祖是谁？

温庭筠。字飞卿，晚唐时期诗人、词人。其诗辞藻华丽，意境优美，与李商隐并称为“温李”。被尊为“花间词派”鼻祖，与韦庄并称“温韦”，他的代表作有《商山早行》等。

唐宋八大家及其代表作

韩愈	《师说》《马说》
柳宗元	“永州八记”《捕蛇者说》
欧阳修	《醉翁亭记》《卖油翁》
王安石	《游褒禅山记》
苏洵	《管仲论》《心术》
苏轼	《前赤壁赋》《后赤壁赋》
苏辙	《与孟简书》《诗集传》
曾巩	《上蔡学士书》

“千古文章四大家”分别是哪四人？

苏轼、韩愈、柳宗元、欧阳修并称为“千古文章四大家”。

苏轼有哪些成就？

苏轼，字子瞻，号东坡居士，“唐宋八大家”之一。其诗、词、赋、散文均成就极高，且善书法和绘画，是中国文学艺术史上罕见的全才，也是中国数千年历史上被公认文学艺术造诣最杰出的大家之一。

- **鲁郭茅巴老曹**
  - **鲁迅**：《呐喊》《彷徨》《故事新编》《朝花夕拾》《野草》
  - **郭沫若**：《女神》《星空》《屈原》《虎符》《棠棣之花》
  - **茅盾**：《蚀》三部曲、“农村三部曲”、《子夜》《林家铺子》
  - **巴金**：“激流三部曲”（《家》《春》《秋》）“爱情三部曲”（《雾》《雨》《电》）
  - **老舍**：《骆驼祥子》《四世同堂》《茶馆》《龙须沟》
  - **曹禺**：《雷雨》《日出》

中国现代文学史上第一篇白话小说是什么？

中国现代文学史上第一篇白话小说是《狂人日记》。作者鲁迅，原名周树人，字豫才，浙江绍兴人，中国现代伟大的文学家、思想家、革命家。

《背影》的作者是谁？

朱自清：字佩弦，号秋实，江苏扬州人，我国现代散文家、诗人、学者。

代表作：《春》《背影》《荷塘月色》《绿》。

被誉为“东方的莎士比亚”的是谁？

曹禺：原名万家宝，出生于天津，中国现代话剧剧作家。

代表作：《雷雨》《日出》《原野》《北京人》。话剧《雷雨》被公认为中国现代话剧成熟的标志，曹禺也因此被誉为“东方的莎士比亚”。

被誉为“20 世纪 30 年代的文学洛神”的是谁？

萧红：原名张迺莹，笔名萧红，出生于黑龙江呼兰县（今哈尔滨市呼兰区），中国现代作家，“民国四大才女”之一，被誉为“20 世纪 30 年代的文学洛神”。

代表作：《生死场》《呼兰河传》。

与饶宗颐并称“南饶北钱”的是谁？

钱锺书：字默存，江苏无锡人，中国现代学者、作家，被誉为“博学鸿儒”“文化昆仑”，与饶宗颐并称“南饶北钱”。

代表作：《管锥编》《谈艺录》《宋诗选注》《围城》。

《义勇军进行曲》的词作者是谁？

田汉：本名田寿昌，湖南省长沙县人，中国现代剧作家，中国现代戏剧三大奠基人之一。

代表作：《获虎之夜》《名优之死》《关汉卿》。

被誉为“乡愁诗人”的是谁？

余光中：中国台湾当代著名诗人、散文家和诗歌评论家，被称为“乡愁诗人”。

代表作：《乡愁》《乡愁四韵》，诗集《舟子的悲歌》《敲打乐》《白玉苦瓜》。

中国获得“茅盾文学奖”和“诺贝尔文学奖”的人是谁?

莫言：原名管谟业，中国当代作家。

代表作：《红高粱家族》《丰乳肥臀》。

2011 年，莫言凭借作品《蛙》获得茅盾文学奖。2012 年，莫言获得诺贝尔文学奖。

中国获得“雨果奖”的人是谁?

刘慈欣：中国当代科幻小说代表作家之一。

代表作：《三体》三部曲。《三体》第一部获得第 73 届“雨果奖”。

中国获得“国际安徒生奖”的人是谁?

曹文轩：中国当代儿童作家。

代表作：《山羊不吃天堂草》《草房子》《红瓦》等。2016 年曹文轩获“国际安徒生奖”。

《骆驼祥子》的作者是谁?

老舍：原名舒庆春，字舍予，北京人，满族，中国现代小说家、戏剧家。

代表作：小说《骆驼祥子》《四世同堂》，话剧《茶馆》《龙须沟》。

巴金的“激流三部曲”分别是什么?

《家》《春》《秋》。

巴金的“爱情三部曲”分别是什么？

《雾》《雨》《电》。

鲁迅唯一一部回忆性散文集是哪一部？

《朝花夕拾》，原名《旧事重提》，是鲁迅唯一一部回忆性散文集。“朝花夕拾”的意思是早上的花晚上来捡，喻指鲁迅中年后回忆童年及青少年时期的往事。书中收录了鲁迅在 1926 年创作的 10 篇回忆性散文，比较完整地记录了鲁迅从幼年到青年时期的生活经历和心路历程。

《骆驼祥子》主要讲的是什么内容？

《骆驼祥子》是老舍的代表作，描写了人力车夫祥子的悲惨遭遇。祥子原是农村出身，怀着梦想进城，渴望拥有一辆自己的车。在经历过三次买车和丢车的打击后，勤劳、充满希望的祥子逐渐变得心灰意冷、自甘堕落。这部小说反映了生活在城市底层的劳动人民的痛苦，暴露了旧社会的罪恶。

中国古代诗歌包括哪些体式？

中国古代诗歌包括诗、词、曲三类体式，并在各自体式中拥有不同的样式种类，可谓源同流分，各臻其妙。

诗歌起源于哪个朝代？

诗起源于先秦，兴盛于唐，分为古体诗和近体诗。

古体诗又称什么诗？

古体诗又称为“古诗”。古体诗是相对于近体诗而言的，主要指的是唐以前的诗歌形式，包括《诗经》《楚辞》等。它的特点是形式较为自由，韵律和结构不如近体诗严格。

- **诗歌**
  - **诗**
    - **古体诗**
      - 字数、篇幅、用韵较为自由
      - 常以“吟、歌、行”等作为标志，如曹操的《短歌行》
    - **近体诗**
      - 律诗：五字为五律，七字为七律
      - 绝句：五字为五绝，七字为七绝
  - **词**
    - **小令**：58字以内，如李清照的《如梦令·常记溪亭日暮》
    - **中调**：59～90字，如辛弃疾的《破阵子·为陈同甫赋壮词以寄之》
    - **长调**：91字以上，如苏轼的《水调歌头·明月几时有》
  - **曲**
    - **散曲**
      - 小令：独立的一支曲子。如马致远的《天净沙·秋思》
      - 套数：由两首以上同一宫调的曲子连缀而成。如睢景臣的《般涉调·哨遍·高祖还乡》
    - 杂剧：由曲子、宾白、科介组合而成，如关汉卿的《窦娥冤》

乐府诗的由来是什么？

乐府是古代音乐官署，初设于秦，正式成立于西汉武帝时期，职责是采集民间歌谣或文人的诗来配乐。乐府搜集整理的诗歌称作“乐府诗”，简称“乐府”。

歌行体是什么朝代建立的？

初唐时期在汉魏六朝乐府诗的基础上建立起来的诗体，标题中一般有“吟”“歌”“行”“歌行”等字。白居易的《长恨歌》《琵琶行》都属于歌行体。

近体诗又称什么诗？

近体诗又称为“格律诗”，它是中国古代诗歌的一种形式，通常包括五言和七言两种类型，具有严格的平仄和韵律要求。

词又称什么？

词又称“长短句”“曲子词”“诗余”，形成于唐代，盛于宋代，一般分为上、下阕。

词牌是什么意思？

词牌是词的曲调的名称，有固定的格式与声律，决定着词的节奏与音律。词牌名与词的内容没有必然联系。如辛弃疾的《青玉案·元夕》中，“青玉案”就是词牌名。

按照风格划分，词分为几类？

按照风格，词分为婉约词、豪放词等流派。婉约词的代表词人有柳永、李清照、晏殊等，豪放词的代表词人有苏轼、辛弃疾等。

散文的特点是什么？

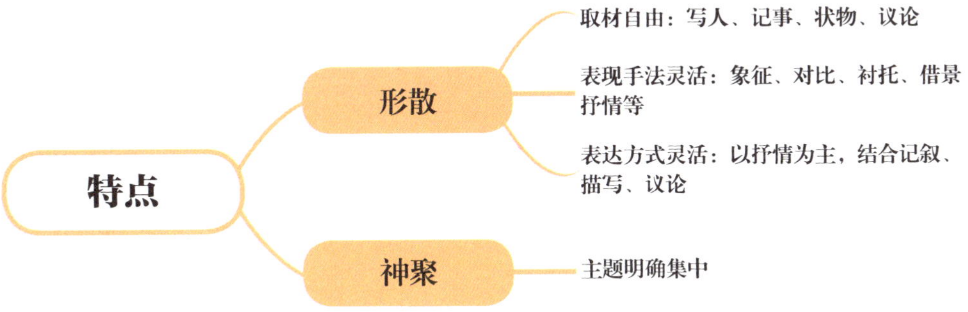

古代散文指的是什么？

古代散文是指与韵文、骈文相对，不追求押韵和句式工整的文章。

散文分为几类？分别是什么？

- 分类
  - 叙事散文
    - 或称记叙散文
    - 以叙事为主，侧重于叙述人物和事件的发展变化
    - 鲁迅的《从百草园到三味书屋》、朱自清的《背影》
  - 抒情散文
    - 或称写景散文
    - 以描绘景物，抒发作者的思想感情为主
    - 茅盾的《白杨礼赞》、朱自清的《荷塘月色》

四大文学体裁是什么？

小说、诗歌、散文、戏剧并称为“四大文学体裁”。

小说三要素都是什么？

- 小说三要素
  - 人物
    - 主要人物、次要人物
    - 人物描写
      - 外貌描写
      - 神态描写
      - 语言描写
      - 动作描写
      - 心理描写
  - 情节
    - 开端、发展、高潮、结局
  - 环境
    - 自然环境、社会环境

小说分为几类？分别是什么？

分类

- **按篇幅及容量**：长篇小说、中篇小说、短篇小说、微型小说
- **按小说内容**：历史小说、现代小说、科幻小说、言情小说等
- **按写作体制**：章回体小说、日记体小说、书信体小说、自传体小说
- **按语言形式**：文言小说、白话小说

戏剧的主要特点是什么？

戏剧是一种融合文学、音乐、舞蹈、美术等多种艺术形式的综合性舞台艺术。主要特点包括集中而尖锐的矛盾冲突、高度集中的时间和地点、个性化的语言。

戏曲分为几类？分别是什么？

分类

- 按内容性质：悲剧、喜剧、正剧
- 按表现形式：话剧、歌剧、戏曲等
- 按时代：历史剧、现代剧
- 按容量结构：独幕剧、多幕剧
- 按演出场合：舞台剧、街头剧、广播剧、电视剧等

历史常识

朝代歌

三皇五帝始，尧舜禹相传；夏商与西周，东周分两段；
春秋和战国，一统秦两汉；三分魏蜀吴，两晋前后延；
南北朝并立，隋唐五代传；宋元明清后，王朝至此完。

中国历史重要时间及事件分别有哪些?

- 约公元前2070年 — 大禹建立夏朝
- 公元前 2025 年 — 伯益让国
- 约公元前1902年 — 少康中兴
- 公元前 1600 年 — 商汤建立商朝

- 公元前 1300 年 — 盘庚迁都于殷
- 公元前 1248 年 — 妇好辅政
- 公元前 1060 年 — 羑里之囚

- 公元前 1046 年 — 牧野之战 周朝建立
- 公元前 875 年 — 厉王击退淮夷
- 公元前 841 年 — 共和行政
- 公元前 771 年 — 周幽王烽火戏诸侯

- 公元前 473 年 — 勾践卧薪尝胆

- 公元前 403 年：三家分晋，晋国分裂成韩、赵、魏三国
- 公元前 400 年：西门豹治邺

- 公元前 356 年：商鞅变法
- 公元前 318 年：合纵连横
- 公元前 316 年：秦灭巴蜀
- 公元前 305 年：屈原被逐
- 公元前 262 年：长平之战

- 公元前 221 年：秦始皇统一六国

- 公元前 209 年：大泽乡起义
- 公元前 208 年：巨鹿之战
- 公元前 202 年：垓下之战，项羽兵败自杀
- 公元前 154 年：七国之乱
- 公元前 139 年：张骞出使西域
- 公元前 123 年：霍去病抗击匈奴
- 公元前 104 年：司马迁开始写《史记》

- 公元前 33 年：昭君出塞
- 公元 25 年：光武中兴
- 公元 73 年：班超出使西域
- 公元 79 年：白虎观会议
- 公元 92 年：《汉书》

公元 105 年 — 蔡伦改进造纸术

公元 166 年 — 党锢之祸

公元 184 年 — 黄巾起义

公元 194 年 — 兖州之战

公元 200 年 — 官渡之战

公元 208 年 — 赤壁之战

公元 220 年 — 曹丕篡汉

公元 260 年 — 司马昭弑君

公元 280 年 — 西晋统一全国

公元 291 年 — 八王之乱

公元 383 年 — 淝水之战

公元 574 年 — 北周武帝灭佛

公元 589 年 — 隋灭陈，统一全国

公元 610 年 — 修成隋唐大运河

公元 618 年 — 唐朝建立

公元 626 年 — 玄武门之变

公元 627 年 — 贞观之治

公元 629 年 — 玄奘西行

公元 641 年 — 文成公主入藏

公元 690 年 — 武则天称帝

公元 753 年 — 鉴真东渡日本

公元 755 年 — 安史之乱

公元 835 年 — 甘露之变

公元 875 年 — 黄巢起义

公元 907 年 — 朱温篡唐

公元 960 年 — 陈桥兵变

公元 973 年 — 殿试制度化

公元 1005 年 — 澶渊之盟

公元 1069 年 — 王安石变法

公元 1079 年 — 乌台诗案

公元 1101 年 — 张择端绘成《清明上河图》

公元 1127 年 — 靖康之变

公元 1140 年 — 岳飞击败金军

公元 1204 年 — 铁木真统一蒙古

公元 1267 年 — 襄阳之战

公元 1271 年 — 元朝建立

公元 1351 年 — 红巾军起义

公元 1368 年 — 明朝建立

公元 1403 年 — 永乐盛世

公元 1405 年 — 郑和下西洋

- 公元 1406 年 — 紫禁城修建
- 公元 1449 年 — 土木之变
- 公元 1449 年 — 北京保卫战
- 公元 1573 年 — 张居正开始改革
- 公元 1560 年 — 戚继光抗倭

- 公元 1636 年 — 皇太极改国号“金”为“清”
- 公元 1664 年 — 李自成攻占北京
- 公元 1689 年 — 清朝与沙俄签订《尼布楚条约》
- 公元 1723 年 — 雍正帝摊丁入亩改革
- 公元 1755 年 — 平定准噶尔

- 公元 1839 年 — 林则徐虎门销烟
- 公元 1840 年 — 鸦片战争
- 公元 1851 年 — 太平天国起义
- 公元 1860 年 — 英法联军火烧圆明园
- 公元 1898 年 — 戊戌变法

- 公元 1905 年 — 孙中山创立同盟会
- 公元 1911 年 — 辛亥革命
- 公元 1912 年 — 中华民国成立

- 公元 1919 年 — 五四运动
- 公元 1921 年 — 中国共产党成立

公元 1927 年 → 南昌起义

公元 1931 年 → 九一八事变

公元 1936 年 → 西安事变

公元 1945 年 → 抗日战争胜利

公元 1949 年 → 中华人民共和国成立

中国历史重要人物及事件分别有哪些？ 先秦时期

黄帝
五帝之首，人文初祖

尧、舜
尧舜禅让

禹
大禹治水，划定九州

启
开创世袭制

汤
建立商朝

盘庚
盘庚迁殷

周文王
推演《周易》

周武王
伐纣灭商，建立周朝

姜尚
开周建齐，《六韬》

周公
制礼作乐

周幽王
烽火戏诸侯，西周结束

周平王
平王东迁，东周春秋时期开始

齐桓公
九合诸侯，春秋首霸

晋文公
退避三舍，晋文公称霸

勾践
卧薪尝胆，灭吴复仇

老子
无为而治，道法自然

孔子
周游列国，儒家圣人

赵襄子
三家分晋，战国开始

墨子
兼爱天下，摩顶放踵

商鞅
秦国变法，奖励耕战

孙膑、庞涓
孙庞斗智

苏秦、张仪
合纵连横

赵武灵王
胡服骑射

乐毅
五国攻齐

田单
火牛阵破燕，恢复齐国

屈原
忠贞爱国，汨罗自尽，楚辞《离骚》

孙膑、田忌
田忌赛马，围魏救赵

廉颇、蔺相如
负荆请罪，将相和

吕不韦
奇货可居

荆轲
图穷匕见，刺秦王失败

秦汉时期

嬴政
秦灭六国，称始皇帝

赵高
指鹿为马

陈胜、吴广
揭竿而起

项羽
破釜沉舟，西楚霸王，乌江自刎

刘邦
约法三章，建立西汉

韩信
胯下之辱，十面埋伏

汉文帝、汉景帝
文景之治

刘彻
北击匈奴，独尊儒术

卫青、霍去病
大胜匈奴

苏武
苏武牧羊

司马迁
《史记》

张骞
出使西域

王莽
建立新朝，西汉灭亡

刘秀
昆阳之战，建立东汉

马援
马革裹尸，老当益壮

班超

投笔从戎，不入虎穴焉得虎子

蔡伦

改进造纸术

张衡

制作地动仪

张角

黄巾起义

曹操

官渡之战，挟天子以令诸侯

周瑜

赤壁之战，周瑜打黄盖

三国两晋南北朝

刘备

三顾茅庐，建立蜀汉

曹丕

建立曹魏

孙权

建立东吴

诸葛亮

鞠躬尽瘁，北伐中原，病死五丈原

刘禅

乐不思蜀

司马炎

建立西晋

司马睿

建立东晋

谢玄

淝水之战

刘裕

建立刘宋，东晋灭亡，南北朝开始

北魏孝文帝

汉化改革

祖冲之

推算圆周率，创制大明历

郦道元

《水经注》

隋唐五代

杨坚

建立隋朝，统一中国，开皇之治

杨广

推行科举，三征高丽，开凿大运河

李渊

建立唐朝

李世民

玄武门之变、贞观之治

魏徵

水能载舟，亦能覆舟

玄奘

天竺取经，《大唐西域记》

武则天

称帝，改国号为周，举行殿试

李隆基

开元盛世

安禄山

安史之乱

郭子仪

收复洛阳、长安

耶律阿保机

建立契丹

李存勖

建立后唐，灭后梁

宋元时期

赵匡胤
建立北宋，杯酒释兵权

赵光义
开卷有益

寇准
澶渊之盟

范仲淹
庆历新政，“先天下之忧而忧，后天下之乐而乐”

王安石
王安石变法

司马光
《资治通鉴》

完颜阿骨打
建立金国

宋徽宗、宋钦宗
靖康之变，北宋灭亡

赵构
建立南宋

韩世忠
黄天荡阻击完颜宗弼

岳飞
郾城之战，大败金兵

铁木真
统一蒙古，被推为成吉思汗

忽必烈
建立元朝

文天祥
“人生自古谁无死？留取丹心照汗青”

明清时期

朱元璋
建立明朝

朱棣
靖难之役，燕王即位

郑和
七下西洋

解缙
《永乐大典》

于谦
击退瓦剌，北京保卫战

戚继光
抵抗倭寇

张居正
万历新政，一条鞭法

李自成
建立大顺政权，攻入北京

吴三桂
冲冠一怒为红颜，引清军入关

郑成功
收复台湾

努尔哈赤
建立后金

康熙
平定三藩之乱，三征噶尔丹

林则徐
虎门销烟

左宗棠
洋务运动、收复新疆

康有为、梁启超
公车上书、戊戌变法

谁“三过家门而不入”？

大禹。上古时期，刚新婚不久的大禹接到了治理水患的任务。他为了让老百姓早一点过上安稳的日子，便翻山越岭，到全国各地考察，寻找堵截洪水的方法。在此期间，大禹曾三次经过自家门口，尽管听到小孩的啼哭声也没有回家看望。就这样，大禹在离开家 13 年后，终于疏通了所有的河道，陆地上再也没有频繁地发生过水灾。

夏桀是一位怎样的君主？

他是夏朝的最后一位君主，也是历史上第一个亡国之君。据说他文武兼备，力大无穷，能够生擒野牛。但他却生性残暴，用武力威逼东方的邦国，这遭到了很多诸侯的反对。他在位期间，还贪图享乐、沉迷酒色，喜欢修建华丽的宫殿，强行让百姓出钱出力，使得民不聊生。最后夏朝内忧外患，商汤趁机举兵攻打夏朝，从此夏朝灭亡，商朝建立。

谁灭了商朝？

姬发。商朝最后一位君主纣王昏庸残忍，让商朝的百姓非常恐惧，纷纷离开家乡投奔周国的君主姬发，姬发是一位非常贤明的君主，对百姓非常好。周国的人越来越多，大家都希望周王杀死纣王为民除害。姬发见百姓们如此相信自己，就和太师姜子牙带领军队向商朝的首都出发了，最后灭了商朝。

烽火戏诸侯的是哪位君主？

周幽王，他是西周的最后一个国王。周幽王为了让美人褒姒开心，便让人在骊山点燃烽火，击鼓向诸侯报警戏耍他们。当烽火被点燃时，褒姒看到急匆匆赶来骊山救援的士兵，便捂嘴笑了起来。周幽王反复点燃烽火，戏弄了诸侯很多次，直到大家再也不相信了，才结束了这场闹剧。

“春秋五霸”分别指谁？

据《荀子》书中记载，春秋五霸分别是齐桓公、晋文公、楚庄王、吴王阖闾、越王勾践。春秋时期，周王室势力衰微，一些强大的诸侯为了争夺天下，展开了激烈的争霸战争。其中五个诸侯国的国君依次建立了霸权，分别是齐桓公、晋文公、楚庄王、吴王阖闾和越王勾践。

齐桓公是一位怎样的君主？

他是春秋时期的第一位霸主，在位期间，通过一系列的政治和军事改革，让齐国逐渐强盛。同时，他心胸宽广，不计前嫌地任用曾经射他一箭的管仲为相。孔子称赞他“九合诸侯”“一匡天下”。

春秋时期的最后一位霸主是谁？

越王勾践。他在吴国做奴隶期间，忍受了常人不能忍受的耻辱。为了帮助吴王夫差判断病情，甚至去尝他的粪便。回国后，他卧薪尝胆，提醒自己时刻保持清醒，不要忘记仇恨。他集合众谋，用十年的时间，转弱为强，最终灭了吴国。

完璧归赵讲的是哪个人物？

战国时期的蔺相如。他勇敢机智，成功地从秦国手里把无价之宝和氏璧送回了赵国。

负荆请罪的武将是谁？

廉颇。廉颇是战国时期赫赫有名的武将，立下了很多战功。但他的官职却还没有文将蔺相如的高，廉颇心里很不服气，处处和蔺相如作对，但蔺相如总是回避、躲让廉颇。蔺相如这么做的原因是他知道一个国家只有将相和，才能安定团结，才有能力对抗强大的秦国。蔺相如的这番话传到了廉颇的耳中，廉颇惭愧不已，第二天便光着膀子，背着荆条向蔺相如去请罪了。

战国四大名将分别是谁？

秦国的白起、王翦，赵国的廉颇、李牧被称为战国四大名将。他们在历史上扮演着重要的角色，立下了赫赫战功，代表了战国时期实战的最高水准。

统一度量衡是谁提出来的？

商鞅。商鞅变法前，秦国各地度量衡不统一，国家的赋税收入得不到保证。商鞅便制造出了标准的度量衡准则，为国家的经济发展带来了很大的便利。

刺杀秦王嬴政的人是谁？

荆轲，他是战国末期著名的刺客。荆轲受到燕太子丹的派遣，拿着燕督亢地图和樊於期的头颅前往秦国，以请求“举国为内臣”的名义去朝见嬴政，方便刺杀嬴政，挽救燕国。但是最后荆轲没有成功，反被杀死。

中国的第一个皇帝是谁？

秦始皇嬴政。公元前 221 年，秦始皇统一了六国，结束了历史上长达 250 年诸侯混战的局面。他觉得自己是世上最伟大的君主，于是发明了“皇帝”这个尊贵的称呼，自称“始皇帝”。

谁继承了曹操的位置?

曹丕，他继承了曹操的位置。曹丕是曹操的长子，字子桓，从小文武双全，擅长骑射和文学。在建安二十二年（217），曹丕击败了其弟曹植，被立为魏王世子。建安二十五年（220），曹操去世后，曹丕继任丞相、魏王之位，并逼迫汉献帝退位，从而建立了魏国，自称魏文帝。

中国最早的航海家是谁?

徐福。秦始皇二十八年，徐福上书说海中有蓬莱、方丈、瀛洲三座仙山，上面有神仙居住。于是秦始皇便派遣徐福入海求仙，但他出海多年却从未找到神仙。徐福的航海活动展示了中国古代航海技术的早期发展，也为之后的海上探索奠定了基础。

最早的农民起义是谁领导的?

陈胜、吴广。秦朝末年，陈胜和吴广等 900 多人被征发前往渔阳戍边。他们在行进途中，遭遇大雨，道路不通，无法按时到达目的地。按照当时秦朝的法律，如果不能按时到达就要被处死。没办法，陈胜、吴广等人便发动了起义，反对这残暴的统治。这也是中国历史上第一次大规模的农民起义。

指鹿为马讲的是哪个历史人物？

赵高。秦始皇死后，赵高扶持胡亥当上了皇帝。此时的秦国除了皇帝，就属赵高的地位最高。但是赵高还不满足，想要把胡亥赶下台，自己当皇帝。他为了测试自己在朝堂的威信，趁秦二世和大臣们在朝堂商议事情的时候，牵了一匹“千里马”献给秦二世，这头“千里马”实际上是一头鹿。下面的大臣为了附和赵高，也都说这是一匹马。有些正直的大臣说是一只鹿，没过多久，都被赵高抓进监狱里了。自此之后，赵高说什么就是什么，再也没人敢反对了。

西楚霸王是指哪位历史人物？

项羽。秦朝末年，天下大乱，各地都是起义的队伍。势力最强的就是由项羽带领的这支队伍。

后来，他在巨鹿之战中以少胜多，破釜沉舟，消灭了秦军的主力。这次战争后，很多诸侯都来拜见项羽，他们对项羽的能力心悦诚服，都愿意接受他的指挥。项羽大喜，分封诸侯，并把自己封为西楚霸王。

开启汉代外戚专权先河的历史人物是谁？

吕雉。她是汉高祖刘邦的皇后，刘邦死后，长子刘盈继位，而刘盈在位期间，实际的大权掌握在吕雉的手中，她执掌天下长达 16 年。其间，她实行与民休息的政策，统治后期，重用吕家兄弟，开启了汉代外戚专权的先河。

丝绸之路的开拓者是谁？

张骞。汉武帝刘彻控制了河西走廊后，西汉和西北的小国家联系密切起来。为了更好地做买卖，汉武帝决定在西汉和西域之间开辟一条道路。公元前 119 年，张骞第二次出使西域。他不仅帮汉朝在西域结交了好多朋友，还将芝麻、黄瓜、葡萄等众多美味的食物带到中原。这条道路就是著名的丝绸之路。

“飞将军”指的是谁？

西汉名将李广。李广自幼聪慧，擅长骑射，尤其擅长弓箭，经常百发百中。卓越的骑射技能让他在战场上屡建奇功。有一次在和匈奴的战斗中，李广被俘，他趁敌军不备，飞身夺得马匹，甩掉了很多追骑，最终成功地逃回营地，从而获得了“飞将军”称号。

为巩固边塞和平，出塞和亲的人物是谁？

王昭君，她还是我国古代四大美女之一。西汉后期，匈奴人再次崛起，匈奴的单于呼韩邪向汉元帝提出和亲，汉元帝舍不得将女儿嫁到贫穷、野蛮的匈奴去。于是想找一位宫女代替公主和亲，其他宫女都不愿离开皇宫，只有王昭君站了出来。王昭君舍弃自己，换取了匈奴与大汉的和平。

是谁发明了地动仪？

东汉著名科学家张衡。张衡自幼就喜欢读书，并且十分善于动脑筋。为了探明自然界的奥秘，他经常一个人在书房里读书、研究。张衡在京城洛阳担任太史令的时候，洛阳附近经常发生地震，人们都认为地震是鬼神造成的，张衡却不相信，他记录下每次地震的情况，夜以继日地研究，终于发明了一台能判定地震方向的仪器——地动仪。

“罢黜百家，独尊儒术”是谁提出来的？

西汉著名学者董仲舒。董仲舒为了适应汉武帝加强专制主义中央集权的思想，提出了这一观点，得到了汉武帝刘彻的采纳，使得儒家思想成为正统思想，这一政策确立了儒学的统治地位。

大运河是谁下令修建的?

隋炀帝杨广。为了加强南北交通，方便江南粮食、布匹向北运输，巩固隋朝对全国的统治，隋炀帝下令开凿大运河。大运河从北到南沟通了海河、黄河、淮河、长江、钱塘江五大水系，对经济的发展有重大意义。

唐朝时期，直言进谏的大臣是谁?

魏徵，他是历史上著名的谏臣。唐太宗时期，魏徵多次向唐太宗进谏，他常常在朝会上对唐太宗提出批评和建议，甚至在唐太宗犯错误时也毫不留情。魏徵的直言进谏帮助唐太宗改进了政治决策，对唐朝的贞观之治也起到了重要的推动作用。

知识拓展

唐太宗李世民是唐朝第二任皇帝，为建立唐朝立下大功，开创“贞观之治”的盛世，是中国历史上著名的明君。

房谋杜断指的是谁?

房玄龄和杜如晦是唐太宗时期的贤相。据说房玄龄点子多，每当李世民遇到难题时，他总能拿出多种方案。当李世民犹豫不决时，杜如晦又总能从中选出最佳方案。后来，人们就以“房谋杜断”来称誉能人之间的完美合作。

《西游记》中西天取经的唐僧是真实存在的吗？

是真实存在的。他是唐朝的高僧陈袆，法号玄奘。玄奘从小聪明好学，16 岁时在洛阳城已经很出名了。他平时除了到各地游学，还喜欢研究佛经。他为了西行取经，来回一共走了 5 万公里，花了 19 年时间。

中国历史上第一个女皇帝是谁？

武则天，武则天原是唐太宗李世民的才人，后成为唐高宗李治的皇后。武则天聪明果断，逐渐掌握了朝廷大权。690 年，她正式登基，改国号为“周”，成为中国历史上唯一一位正统的女皇帝。

在位期间，武则天推行了一系列改革，重视选拔人才，发展农业和经济，使国家繁荣昌盛。她还鼓励文化教育，推动了唐代文化的繁荣。虽然她的统治手段有时严厉，但她的智慧和能力为历史留下了深刻印记。

705 年，武则天因病退位，恢复了唐朝国号，并于同年去世，享年 82 岁。她的一生充满传奇，是中国历史上最具影响力的女性之一。

开元盛世是谁开创的？

唐玄宗李隆基。他是武则天的孙子。他与姑姑太平公主发动政变，拥护父亲李旦第二次继位，因此被立为太子。登基后，李隆基赐死太平公主，任用姚崇、宋璟等贤相，励精图治，开创了唐朝的极盛之世——开元盛世。

“中兴四将”指的是哪四个人？

南宋初年，在抗金战场中，以岳飞、韩世忠、刘光世、张俊四位将军的战功最为卓著，因此这四人被称为“中兴四将”。

“岳家军”是谁组建的？

岳飞。南宋时期，金军南下入侵。岳飞组建了一支军队，一路北上大败金军，收复失地，南宋皇帝赵构赐给他一面“精忠岳飞”的锦旗，人们把岳飞的军队叫“岳家军”。

知识拓展

岳家军宁可冻死，也不肯拆百姓的屋子生火取暖；宁可饿死，也不去抢夺百姓的粮食。严明的军纪和过硬的军事素质，使岳飞的部队得到百姓的大力支持。

“一代天骄”指的是谁？

成吉思汗。成吉思汗待人真诚，无论是对自己的士兵还是投降而来的士兵，都以礼相待；他心胸宽广，广纳贤才，只要有能力，就会受到他的重用；他英勇善战，每逢战争都冲在最前面，具有出色的领导能力。

从寺庙里走出来的皇帝是谁？

朱元璋。朱元璋出身贫寒，小时候父母相继病死，只留下了几个年幼的孩子。他为了填饱肚子，只好去寺庙里当和尚。不久，当地闹饥荒，寺里得不到施舍，住持只好打发和尚们到外地去化缘。朱元璋也在云游中积累了丰富的社会经验和军事才能。

知识拓展 朱元璋推翻元朝，建立了明朝，开创洪武之治。

锦衣卫是谁设立的？

明太祖朱元璋。朱元璋在位的时候，底下官员让人十分头疼，如果他们合起伙来找事儿，他这个皇帝就被动了。因此，朱元璋迫切需要一些人去监视他们，于是就组建了锦衣卫。他们掌管皇帝仪仗和侍卫，负责查案审问，可以逮捕任何人。

叔侄争天下指的是哪两个人？

朱允炆和朱棣。朱元璋把皇位传给了自己的孙子朱允炆，朱允炆觉得叔叔们的权力太大，每个人既有兵又有钱和马，觉得他们会威胁到自己的地位。于是朱允炆听从了大臣们的建议，开始削藩。朱允炆找借口连着废掉了几位叔叔的王爵。燕王朱棣为了活命，只好起兵反抗。

知识拓展 朱棣战胜，登上了皇位，史称永乐皇帝，他开创了永乐盛世。

明朝“七下西洋”的人是谁?

郑和。他是明朝时期伟大的航海家和外交家。在1405—1433年，郑和共率领船队七次下西洋，访问了东南亚、南亚和东非等地，不仅促进了中外贸易的发展，还推动了中外文化的交流。

喜欢做木匠的皇帝是谁?

明熹宗朱由校。1620年，16岁的朱由校即位，成为明朝第15位皇帝。他唯一的爱好就是做木匠，无论是制造精巧的桌椅木器，还是造型奇特的亭台楼榭，只要让他研究一下，都能造得比原来还要精巧。

中国历史上在位时间最长的皇帝是谁?

康熙。康熙帝一共在位61年（1661—1722），他立下众多的功绩，被后人称颂为“千古一帝”。康熙不仅英勇善战，还十分关心人民的生活。他多次出京巡视，了解人民的生活。在他的治理之下，清朝渐渐实现了国富民强的伟大蓝图，他和雍正、乾隆皇帝统治的时期被称为“康乾盛世”。

虎门销烟的主人公是谁?

林则徐。他是清朝后期的政治家、思想家，也是一位民族英雄。清朝末年，大量鸦片流入中国，导致白银外流，国民整体素质日益下降，道光皇帝便任命林则徐全权负责销烟任务。林则徐通过外交和军事压力迫使外国鸦片贩子交出鸦片，并在虎门海滩进行了公开销毁。这场行动共持续了 23 天，显示出清政府戒烟的决心，但同时也激怒了外国侵略者。

我国革命的先行者是谁?

孙中山，他是中国民主革命的伟大先驱。孙中山不仅推翻了清王朝，建立了中华民国，还为后来的革命者提供了宝贵的经验和启示。孙中山提出“民族、民权、民生”的三民主义，不仅推动了辛亥革命的成功，还影响了中国近代的政治和社会变革。

知识拓展 孙中山和蒋介石不仅是师生关系，还是政治盟友关系。

中国古代制度主要包括哪些？

古代制度

中央集权制度

- 秦朝：皇帝制度、三公九卿制、郡县制
- 西汉：实行刺史制度和推恩令，加强了中央对地方的直接统治
- 隋唐：实行三省六部制，创立和完善科举制
- 北宋：设立参知政事、枢密使、三司使等职位
- 元朝：实行行省制度，加强对边疆地区的直接管理
- 明清：明朝废丞相，设立内阁，清朝增设军机处

地方行政制度

- 西周：分封制
- 秦朝：郡县制
- 元朝：行省制

选官用官制度

- 西周：世卿世禄制
- 秦朝：军功爵制
- 汉朝：察举制和征辟制
- 魏晋南北朝：九品中正制
- 隋唐至清朝：科举制

隋唐时期通过考试选拔官吏的制度是什么?

科举制度

- **发展历史**
  - 隋朝（产生）→唐朝（成熟）→宋朝（完善）→元朝（中衰）→明清（鼎盛）→清末（废除）

- **考试形式**
  - **院试**：童生参加，录取的叫生员（秀才），进入府、州、县学习
  - **乡试**：明清两代每三年举行一次的省级考试，生员（秀才）参加，又称“秋闱”
    录取的叫举人，第一名叫解（jiè）元，第二至第十名叫亚元
  - **会试**：礼部举行的考试，举人参加，乡试后第二年春季举行，又称“春闱”
    录取的叫贡士，第一名叫会元
  - **殿试**：皇帝亲自主持的考试，录取者叫进士，殿试分三甲录取：一甲三名，依次是状元、榜眼和探花，赐进士及第；二甲赐进士出身；三甲赐同进士出身

- **连中三元**
  - 指在乡试、会试和殿试中连续考取解元、会元和状元
  - 中国科举史上共有 21 人“连中三元”，其中文状元 17 人，武状元 4 人

哪些朝代沿用了分封制？

周朝、西汉、西晋和明朝。分封制最早出现在西周，周武王建立周朝后，把土地和人民分别授予王族、功臣和先代贵族，形成诸侯国，便于王室进行有效的统治。这些诸侯在他们的封国内享有世袭统治权，但也必须服从周王的命令，定期朝贡和述职。

我国什么时候从奴隶制过渡向封建制的？

春秋战国时期是我国奴隶制解体，封建制形成的时期。生产力发展是促进社会变革的基本因素。这一制度在我国实行了 2000 多年，直到中华人民共和国成立后，土地改革基本完成，才废除了这一制度。

秦朝在地方管理上采取的是什么行政制度？

郡县制。郡守和县令由皇帝直接任免，地方在中央的管辖之下，这样有利于加强中央集权，增强国家统一。郡县制在春秋战国时期就存在了，秦始皇经过改革，正式把郡县制作为地方管理的行政制度。

内阁制度是哪个朝代建立的？

明朝。明朝废除丞相制度后，需要一个辅政机构帮助皇帝处理政务。内阁最初只是皇帝的秘书性质的机构，只具有顾问身份，皇帝才是最终做决定的人，慢慢地，内阁的权力越来越大，最终成为明朝的行政中枢。

秦始皇在中央实行的制度是什么？

三公九卿

- **三公**
  - 丞相：辅佐皇帝的最高政务长官，相当于总理
  - 太尉：主管军政的最高武官，相当于国防部部长
  - 御史大夫：负责监察百官，职位仅次于丞相，相当于监察部部长
- **九卿**
  - 奉常：掌管宗庙祭祀与礼仪
  - 郎中令：掌管宫廷的守卫和扈从
  - 卫尉：掌门卫屯兵，负责宫门警卫
  - 太仆：掌管皇帝的车马、牲畜之事
  - 廷尉：执掌法律、掌管刑狱、审理案件等
  - 典客：负责接待来宾事务
  - 宗正：主管皇族事务
  - 治粟内史：主管农业事务
  - 少府：掌山海池泽之事，后又掌宫中服饰衣物、宝货珍贵之物

三省六部制中的“三省”和“六部”分别指的是什么?

三省六部制确立于隋朝，唐朝进一步完善，是中国古代封建社会一套组织严密的中央官制。

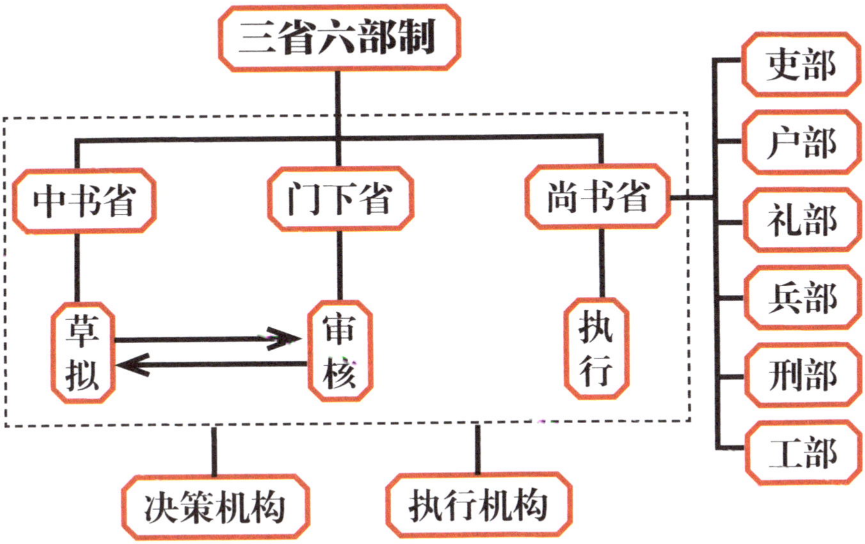

什么是行省制?

“行省”是“行中书省”的简称，起源于元朝。元朝在朝廷设置中书省总领全国政务，派官员代表中书省在地方上进行管理，后形成常设机构，称为“行中书省”，简称“行省”。元朝在全国共设10个行省，即岭北、辽阳、河南、陕西、四川、甘肃、云南、江浙、江西、湖广。山东、山西、河北和内蒙古等地则由中书省直辖。这一制度对古代多民族国家统一发展壮大起到了积极作用。

古代调兵遣将的信物是什么?

虎符。它是古代用于传达命令、调兵遣将的兵符，因其形状像老虎而得名。早在战国时期，就出现了虎符。虎符通常由左右两半组成，两半的铭文完全相同，右边一般由中央保存，左边则在统领军队的将领手上，只有两半相结合，才能调动军队。

古代的诛九族和满门抄斩的区别是什么？

诛九族：这种刑罚起源于秦朝的“夷三族法”，后来扩展到九族。九族的具体定义有两种主要说法：一种是从高祖父母到玄孙，包括高祖、曾祖、祖父、父亲、自己、儿子、孙子、曾孙、玄孙；另一种是父族四、母族三、妻族二，涉及范围广泛，包括亲属、仆人等。

满门抄斩：这种刑罚涉及的范围相对较小，主要是指犯罪者及其家庭成员，包括仆人、丫鬟等，但不涉及更广泛的亲属网络。

古代有哪些先进的制度，被继承并沿用至今？

行省制度：诞生于元朝的行政区划，如今仍然沿用。

盐铁官营制度：重要物资实行严格管控，由官府统一经营。

密卷制度：极大地促进了教育公平、推动了社会公平。

古今职业对照

古称	今称
丞相	国家总理
御史大夫	监察部部长
车骑大将军	元帅军衔
廷尉	最高人民法院院长
尚书	部长
太守	省辖市市长
知府	省长（或省辖市市长）
总镇	大军区司令员
通判	副省长（或省辖市副市长）
教授	省教育厅厅长
知县	县长

古称	今称
太尉	国防部部长
中书令	“两办”秘书长
行军总管	前沿总指挥
京兆尹	首都的市长
侍郎	副部长
刺史	省（市）长兼省（市）军区司令员
知州	省辖市市长
参将	大军区所属各军军长
典籍官	图书馆馆长
教谕	县教育局局长
县丞	副县长

表示古代官职变动的词语有哪些?

官职变动

- **授予官职**
  - 拜：按一定礼节授予（任命）官职，一般用于升任高官
  - 除：免去旧职，授予新职
  - 授：授职，任命
  - 拔：提升本来没有官职的人

- **升官**
  - 升：升官
  - 迁：一般指升职
  - 擢：在原官衔基础上提拔。如擢拔
  - 陟：进用
  - 晋、进：晋升官职，提高职位或级别
  - 加：加封，在原来的官衔上增加荣衔，一般可享受一世特权

- **降职、免官**
  - 谪：降职并远调
  - 左迁：贬官
  - 左转：降职
  - 罢：罢免、停职
  - 免：免除官职
  - 黜：废黜，贬退，也用于剥夺王位或太子的继承权
- **辞官**
  - 乞身：也称“乞骸骨”，官员年老自请退休
  - 告老：官吏年老告退
  - 致仕：也作“致事”。指交还官职，即辞官

古代的谦称都有什么？

- **谦称**
  - **称呼自己**
    - 皇帝
      - 朕：从秦始皇开始用作皇帝的自称，太后听政时也可自称朕
      - 孤：古代帝王的自称
      - 寡人：唐代以后帝王的自称，意为寡德之人
    - 臣子
      - 臣：官吏对皇帝上书或说话时的自称
      - 卑职：下级官员对上级的自称
      - 末官、下官：官吏的自称
    - 普通人
      - 愚：谦称自己的见解，或对年轻同辈称呼自己。如“愚见”“愚兄”等
      - 鄙：自谦之词。如“鄙见”“鄙人”等
      - 拙：称自己的文章、见解等。如“拙作”“拙见”等
      - 窃：意为私自、私下，常用于表达个人意见。如“窃以为”等
      - 不才：谦称自己是没有才能的人
      - 晚生、晚辈：读书人在长辈面前谦称自己
      - 小可、小生：旧时读书人在长辈面前谦称自己
  - **称呼亲人**
    - 家
      - 对别人称呼比自己辈分高或年纪大的亲属
      - 家君、家严、家父：对别人称自己的父亲
      - 家慈、家母：对别人称自己的母亲
    - 舍
      - 谦称自己家或比自己辈分低、年幼的亲属
      - 舍间、舍下：称自己的家
      - 舍弟：称自己的弟弟
    - 小
      - 谦称自己或与自己有关的人、事物等
      - 小女：谦称自己的女儿
      - 小儿、小犬：谦称自己的儿子

古代的敬称都有什么？

敬称

臣对君的敬称

万岁、天子、殿下、大王

注意：“殿下”是对太子、亲王的敬称，要与“陛下”区分开来

君对臣的敬称

卿、爱卿

称呼长者或上级

君、公、丈、足下、先生等，如张君、李公、老丈、孙先生等

常用敬辞

- 令：令尊、令君：称呼对方的父亲。令堂：称呼对方的母亲。令爱：称呼对方的女儿。令郎：称呼对方的儿子
- 尊：尊君：称呼别人的父亲的敬称。尊府：称呼别人住所的敬称
- 贵：贵姓：询问对方姓氏。贵庚：询问对方年龄
- 贤：贤弟：对比自己年幼的友人的敬称。贤侄：对侄辈年轻人的美称
- 高：高见、高论：称对方的见解、言论。高就：询问别人从事的职业
- 垂：称长辈、上级对自己的行为，如垂询、垂问、垂爱等
- 惠：称对方对自己做的行为，如惠临、惠顾、惠赠、惠存等
- 奉：自己的行动涉及对方的时候，如奉还、奉劝、奉陪、奉送、奉告等

称呼逝者

- 先：先考、先父：称逝世的父亲。先妣、先慈：称逝世的母亲。先贤：称逝世的有才德的人

古代的常见称呼方式都有什么？

古代常见称呼方式

- **名**：人的名是由父母起的，供长辈呼唤或者自称，如刘备自称“备”
- **字**：
  - 男子在二十岁行冠礼时取字，字和名一般有所关联，如关羽字云长
  - 对平辈或对尊者称呼对方的字，如刘备称呼关羽为“云长”
- **号**：古人另起的别名，又称别号，常用来自称，以显示某种志趣或抒发某种情感，如杜甫号“少陵野老”，苏轼号“东坡居士”等
- **斋号**：以书斋名称呼对方，如“聊斋先生”（蒲松龄）、“观堂先生”（王国维）
- **籍贯**：以出生地称呼对方，如称柳宗元为“柳河东”，称孟浩然为“孟襄阳”等
- **郡望**：以郡望称呼对方。郡望就是一郡之中显贵的世族，如韩愈自谓郡望昌黎，世人称其为“韩昌黎”
- **官名**：以官名称呼对方，如王维官至尚书右丞，世人称其为“王右丞”
- **官地**：以做官的地方称呼对方，如称岑参为“岑嘉州”，称柳宗元为“柳柳州”等
- **爵位名**：以爵位名称呼对方，如王安石被封为荆国公，世人称其为“王荆公”
- **谥号**：以谥号称呼对方。谥号是人死后按其生平事迹，给予或褒或贬评价的文字，如范仲淹谥号“文正”，世人称其为“范文正”

古代的年龄称谓都有什么？

年龄称谓

未成年

- 襁褓：指未满周岁的婴儿
- 孩提：指两三岁的儿童
- 垂髫：指三四岁至七八岁披散着头发的儿童
- 始龀：指换牙的七八岁儿童
- 总角：指八九岁至十三四岁之间的孩子，他们梳起两个发髻，如头顶两角
- 豆蔻：豆蔻年华指女子十三四岁
- 束发：古代男孩十五岁，将头上的总角解散，扎成一束

成年

- 笄年、及笄：古代女子十五岁或二十岁时以簪束发，故称“及笄”
- 弱冠、加冠：古代男子二十岁行加冠礼，表示成年

成年后

- 而立：指年至三十岁
- 不惑：代指四十岁
- 知命、知天命：指年至五十岁
- 耳顺、花甲：指六十岁
- 古稀：指七十岁
- 耄耋：指八九十岁的老人
- 期颐：指一百岁的老人

古代的特定称谓都有什么？

特定称谓

百姓

- 百姓：秦统一前，只有贵族才有姓，百姓原指百官，秦统一后，平民开始有姓，百姓逐渐代指平民
- 布衣：代指平民，后多指代没有做官的读书人
- 黔首：秦朝对百姓的称呼。黔，黑色
- 黎民：黎庶、民众、庶人、氓、黎元、苍生、黎首、庶民，泛指平民百姓
- 褐：贫贱者的代称，褐是麻毛织品，是贫苦人穿的衣服

长幼

- 伯（老大）、仲（老二）、叔（老三）、季（老四）
- 孟（老大）、仲（老二）、季（老三），使用频率不如上一种

交情

- 贫贱之交：又称“贫贱交”，指在贫贱时结交的朋友
- 金兰之交：指情谊契合、亲如兄弟的朋友
- 刎颈之交：又称“刎颈交”，指同生死、共患难的朋友
- 忘年之交：又称“忘年交”，指辈分不同、年龄相差较大的朋友
- 竹马之交：指从童年时期就要好的朋友
- 布衣之交：又称“布衣交”，指以平民身份相交往的朋友
- 君子之交：又称“君子交”，指在道义上彼此支持的朋友
- 莫逆之交：彼此心意相通，没有抵触的朋友

职业

- 账房、跑堂、门房、牙人、司寇、货郎、优伶、镖师、车夫、郎中等

传统民俗

传统节日

- **春节**
  - 别称：新春、大年、新岁、岁旦等
  - 时间：农历正月初一
  - 习俗：拜年、给压岁钱、放爆竹、吃饺子等
  - 起源：起源于早期人类的原始信仰与自然崇拜
- **清明节**
  - 别称：踏青节、行清节、三月节、祭祖节等
  - 时间：公历 4 月 4、5 或 6 日
  - 习俗：扫墓、踏青、荡秋千、放风筝、插柳等
  - 起源：本是二十四节气之一，后融合了寒食节扫墓、上巳节插柳的习俗
- **端午节**
  - 别称：端阳节、端五节、重午节、龙舟节等
  - 时间：农历五月初五
  - 习俗：吃粽子、赛龙舟、挂香袋、喝雄黄酒等
  - 起源：为纪念战国时期的楚国诗人屈原
- **中秋节**
  - 别称：团圆节、拜月节、八月节、仲秋节等
  - 时间：农历八月十五
  - 习俗：赏月、吃月饼、看花灯、赏桂花等
  - 起源：源自古人的敬月习俗，后将嫦娥奔月与中秋赏月联系起来，更富浪漫色彩

我国的四大传统节日是什么？

春节与清明节、端午节、中秋节并称为中国四大传统节日。

过年为什么要吃饺子?

春节吃饺子的习俗在中国由来已久，具有深厚的文化内涵和象征寓意。过春节吃饺子取“更岁交子”的意思，有新旧交替的意义，继承祖先的习惯，现在饺子成了过年必备的食物。

过年为什么要放鞭炮?

古时候有一种叫作“年”的怪兽，每逢除夕之夜就会出来危害百姓。人们发现，通过在家门口燃烧竹节或使用红色的物品，可以驱赶年兽。随着火药的发明，火药爆竹逐渐取代了竹节爆竹，成为过年时的主要燃放物。

为什么“福”字要倒着贴?

“福”字倒着贴，也就是“福倒了”，寓意是“福到了”。这个习俗来源于人们对幸福生活的向往和期盼。

过年为什么要拜年?

春节拜年的由来可以追溯到古代的祭祀活动。在古代，人们认为春节是一年中最重要的节日，因为这一天是万物复苏的时候，也是祭祀祖先和神灵的时候。因此，人们会在这一天进行各种祭祀活动，以祈求来年的丰收和平安。随着时间的推移，春节的祭祀活动逐渐演变成了拜年活动。人们会在春节期间拜访亲朋好友，送上祝福和礼物，以表达自己的心意。

元宵节是为了纪念什么而设的？

元宵节是汉文帝时为纪念平“诸吕之乱”而设。相传吕后一系在吕后死后害怕大权旁落，密谋叛乱，齐王刘襄联合周勃等功臣一起平定了“诸吕之乱”，平乱之后，众臣拥立代王刘恒登基，称汉文帝。文帝深感太平盛世来之不易，便把平息“诸吕之乱”的正月十五，定为与民同乐之日，京城里家家张灯结彩，以示庆祝。从此，正月十五便成了一个普天同庆的民间节日。此外，关于元宵节的起源还有多种说法，如道教“三元说”等。

元宵和汤圆有什么区别？

元宵主要流行于北方，汤圆主要流行于南方，元宵和汤圆虽然在外形上相似，但在制作方法、口感体验、馅料选择等方面都存在着明显的差异。

为什么农历二月初二又被称为“龙抬头”？

这一说法源于我国的古老天文学。这里的龙，是指二十八宿中的东方苍龙七宿星象，到了每年的仲春卯月之初（斗指正东）的时候，天文气象中的龙角星就会从东方的地平线上开始慢慢上升，宛如一条巨龙抬头仰望天际，这种天文现象被称为“龙抬头”。所以，龙抬头并不是真的动物龙抬头，而是苍龙七宿在天空中的变化。

腊八节为什么要喝腊八粥？

腊八节喝腊八粥的习俗源于佛教，是为了纪念释迦牟尼修行成功。也体现了农耕文化，祈求丰收富足。

清明节是怎么来的?

清明节的起源可以追溯到古代帝王将相的“墓祭”之礼，大约始于周代，距今已有2500多年的历史。最初，清明节只是作为节气的名称，后来逐渐演变成纪念祖先的节日。

知识拓展

清明节既是节日，又是二十四节气之一。

为什么清明节会有祭祖扫墓的习俗?

清明祭祖扫墓据传始于古代帝王将相“墓祭”之礼，早在西周时期就已十分重视，后来民间亦相仿效，于此日祭祖扫墓，历代沿袭而成为中华民族一种固定的风俗。

端午节是为了纪念谁的节日?

爱国诗人屈原。他是战国时期楚国的大臣。约公元前278年，因为自己的国家被占领，屈原在农历五月初五投汨罗江自尽，以身殉国。五月初五这天便成了人们纪念屈原的传统节日。

粽子分为哪两种?

主要分甜粽和咸粽两种，甜粽如红枣粽、豆沙粽等，口感较为黏糯，味道偏甜，咸粽如鲜肉粽、咸蛋黄粽等，口感细腻、咸鲜。

嫦娥和中秋节有什么关系？

中秋节和嫦娥的关系主要体现在神话传说上。在中国古代神话传说中，嫦娥吃了丈夫后羿从西王母那儿讨来的不死之药后，飞到月宫。嫦娥向后羿倾诉思乡之苦后，让后羿在月圆的时候准备类似月饼的食物，然后再呼唤嫦娥的名字，这样她就可以回家了。后来人们根据这个传说逐渐有了在月圆的时候吃月饼的风俗，并且通过月饼来寄托思念故乡、思念亲人之情。

月饼最初是用来做什么的？

月饼是古代中秋祭拜月神的供品，沿传下来，便形成了中秋吃月饼的习俗。

在古代月圆和月缺一般是形容什么的？

在古代，月圆和月缺一般用来形容人的悲欢离合。月圆象征团圆、美满和和谐，代表家庭团圆、生活美好；而月缺则象征分离和相思之苦。例如，宋代文学家苏轼的《水调歌头·明月几时有》中就有“人有悲欢离合，月有阴晴圆缺”的诗句，形象地表达了这种对应关系。

七夕节

- **别称**——乞巧节、七巧节、女儿节、七姐诞等
- **时间**——农历七月初七
- **习俗**——拜七姐、乞巧、祈祷姻缘、储七夕水等
- **起源**——传说牛郎织女会在每年七月初七相会

七夕节源于哪个民间传说？

七夕节源于牛郎织女的民间传说，这个传说讲述了织女是天帝的女儿，她私自下凡与牛郎相爱并生育了一双儿女。然而，天帝得知后大怒，逼织女离开人间回到天宫，只允许她在每年农历七月初七与牛郎和儿女相见一次。到了七夕之夜，地上的喜鹊会飞到银河上搭成鹊桥，让牛郎织女相会。

七夕节为什么又叫乞巧节？

此日活动的主要参与者是少女，而节日活动的内容又是以乞巧为主，所以人们称这天为“乞巧节”或“少女节”“女儿节”。

七夕节中国人通常吃什么？

巧果，别名七夕果，又叫乞巧果子。它的外表看起来很好看，是和七夕有关的花样。它是用面粉制作而成的糕点，给其取名为“乞巧”，是因为古代女子祈祷织女赐予自己一双巧手。在七夕节吃巧果，就能够实现自己的心愿。

七夕节人们还吃五子、花瓜、巧人、巧饼等美食。

重阳节

- **别称** —— 重九节、登高节、老年节等
- **时间** —— 农历九月初九
- **习俗** —— 登高、插茱萸、赏菊、喝菊花酒等
- **起源** —— 古人以奇数为阳，偶数为阴，认为九是最大的阳数，九月初九是谓“重阳”

重阳节是怎样来的?

重阳节的由来可以追溯到古老的《易经》。

《易经》中把“六”定为阴数，把“九”定为阳数，九月九日，日月并阳，两九相重，故而叫重阳，也叫重九。

重阳节有怎样的象征?

重阳节的意义和象征在于重视孝道、懂得感恩。用敬祖、尊老、敬老行为体现孝道思亲和慎终追远等中华民族的优良传统。

为什么重阳节要登高?

重阳节登高与古人对山岳的崇拜有关。在古代，山岳被视为神秘而神圣的存在，人们认为山上居住着神灵，登高可以更接近神灵，从而获得庇佑和祝福。此外，登高还具有避灾的意义。传说中，东汉时期青年桓景带领乡亲登高辟邪，成功抵御了瘟魔的侵害，从此登高成了重阳节的一项重要习俗。

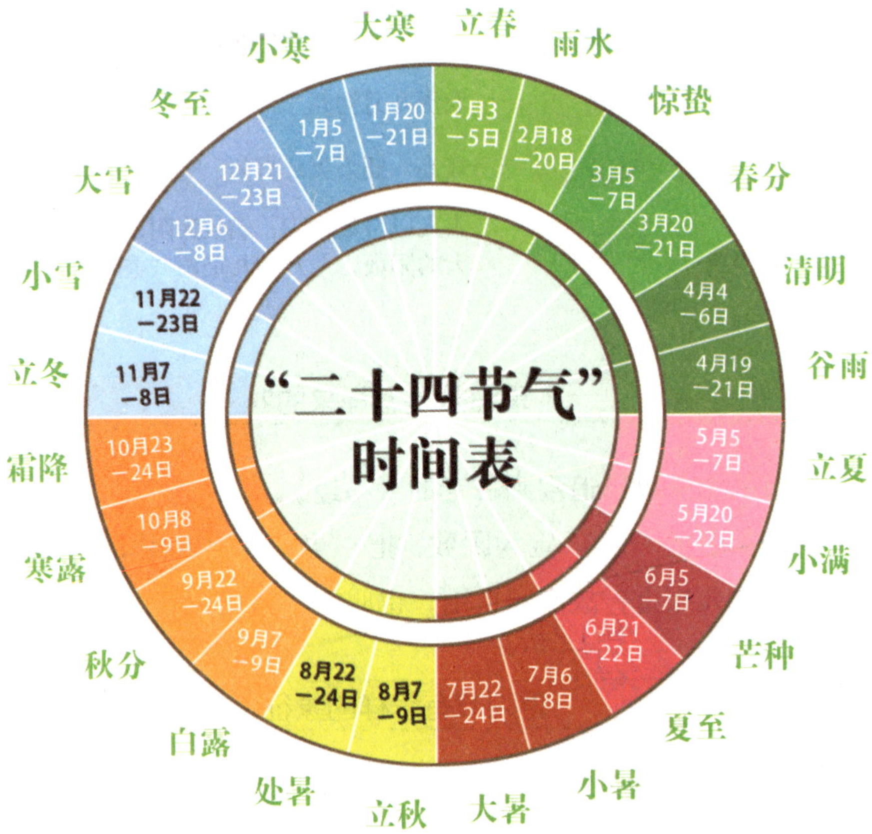

二十四节气的由来是什么?

二十四节气最初是依据斗转星移来确定的，即通过观察北斗七星斗柄的指向来判断节气的到来。后来，人们又根据太阳在黄道上的位置来划分节气，每个节气都对应着太阳在黄道上运行的特定的角度。现行的二十四节气是通过"定气法"来划分的，即根据太阳在黄道上的位置，将一年划分为二十四个等份，每个等份对应一个节气。

二十四节气是节日吗?

二十四节气不是节日。二十四节气是中国传统历法中表示季节变换的 24 个特定节令，主要用于指导农耕生产和反映气候、物候变化，而非现代意义上的节日。

二十四节气是全球通用的吗?

二十四节气只适用于中国，不适用于外国。

一天有多少个时辰?

一天有十二个时辰。古代中国劳动人民根据一日间太阳出没的自然规律、天色的变化以及日常的生产活动和生活习惯，将一昼夜划分为十二个时段，每个时段称为一个时辰。这十二个时辰分别是：子时、丑时、寅时、卯时、辰时、巳时、午时、未时、申时、酉时、戌时、亥时。

每个时辰分别对应的时间是什么?

时辰	子时	丑时	寅时	卯时	辰时	巳时
时间	23点—1点	1—3点	3—5点	5—7点	7—9点	9—11点
天色	夜半	鸡鸣	平旦	日出	食时	隅中
时辰	午时	未时	申时	酉时	戌时	亥时
时间	11—13点	13—15点	15—17点	17—19点	19—21点	21—23点
天色	日中	日昳	晡时	日入	黄昏	人定

五更是什么?

旧时从黄昏到拂晓一夜间分为五更，即一更、二更、三更、四更、五更，每更约为两小时。旧时每晚8时左右，打鼓报告初更开始，称为“定更”。“半夜三更”指晚上11时至次日凌晨1时，即“子时”。

在古代，冠礼是指多少岁？

20岁，冠礼起源于古代中国的礼制文化，是儒家思想中“礼”的重要组成部分。在古代社会，冠礼被视为男子一生中极为重要的时刻，受到家族和社会的高度重视。

在古代，笄礼是指多少岁？

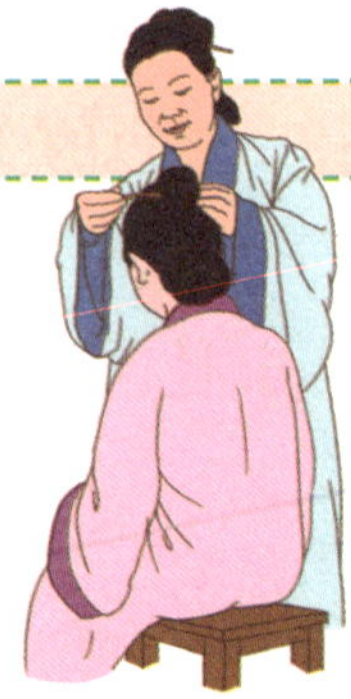

据《礼记·内则》记载，女子15岁许嫁则行笄礼；若未许嫁，则20岁行笄礼。这一仪式与男子的冠礼相似，都是古代社会中的重要人生礼仪。

生日吃长寿面的习俗从何而来？

生日吃长寿面的习俗源于中国古代，寓意为健康长寿。面条形状细长，象征“长命百岁”，因此成为生日的重要食物。这一传统最早可追溯到汉朝，当时人们认为面条的绵长代表寿命的延续。唐朝时，过生日吃长寿面已十分流行，并逐渐成为民间习俗。

什么是六礼？分别包含什么内容？

六礼是中国古代汉族传统的婚姻仪礼，指的是从议婚到完婚过程中的六种礼节，包括纳采、问名、纳吉、纳征、请期和亲迎。

古人的婚礼在什么时间举行？

古人的婚礼在傍晚举行。据史料记载，“婚者，谓黄昏时行礼，故曰婚”。也就是说，晚上举行婚礼是中华民族源远流长的婚礼习俗。古代一直有“上午接亲，晚上拜堂”的说法，中国古代迎娶新娘都是在黄昏以后。“结婚与黄昏”中“婚、昏”同音，也是古代人在晚上结婚的例证，说明女人在黄昏结婚后改变了自己的姓氏。

“执子之手，与子偕老”中的“子”是指谁？

此处为“你”的意思，“执子之手，与子偕老”源于《诗经·邶风》里的《击鼓》，原句是：“死生契阔，与子成说。执子之手，与子偕老。”这是一个征战在外不能归的士兵，对妻子分别时誓言的怀念，两情缱绻，海誓山盟，痛彻心扉。从此，“执子之手”成了生死不渝的爱情的代名词。

古人常说的“结发夫妻”中的“结发”是什么意思？

一种象征夫妻结合的仪式。当夫妻成婚时，各取头上一缕头发，合而做一结，男女双方结为夫妻。亦指原配妻子。

为什么古时候男人留长发？

主要原因之一是古代崇尚的是身体发肤受之父母不敢毁伤，孝道也是这个道理。如果有人擅自损坏身体，那么就会被认定为不孝。而在古代，不孝会遭受到很严重的刑罚。因此，留长发被视为对父母的尊重和孝道的体现。

古代对妻子的谦称有哪些？

贱内：意为：“我这个卑贱之人的妻子。”

内助：妻子在家庭内部为丈夫提供帮助和支持。

拙荆：“拙”指自己，“荆”是一种灌木，古代用来制作妇女的发钗。荆钗布裙，指以荆枝为钗，粗布为裙，形容妇女简陋寒素的服饰。后来，“拙荆”逐渐演变成旧时丈夫对妻子的谦称。

内人：书面语也称内助，此外，内人也作为古代宫女的代称。

民间的四大喜事是什么？

久旱逢甘霖，他乡遇故知，洞房花烛夜，金榜题名时。

久旱逢甘霖：主要对农民来说，农民是靠天吃饭的，长期干旱突然下雨了，心中的喜悦之情是无法言表的，因为这也意味着农作物将不再受到旱灾的影响。

他乡遇故知：在异国他乡时，遇到老朋友会给人带来温暖。

洞房花烛夜：表示从此就成家了，是人生的重要时刻。

金榜题名时：在过去，家中有人金榜题名是光宗耀祖的事情，意味着从此家族就有出头之日了。即便在今天，这也是非常重要的事情。

为什么是“上厕所”“下厨房”？

在古代，方位文化对建筑布局有着重要影响。厕所一般建造在房屋的北面偏东的位置，因为北方在方位上被认为是“上”，所以去厕所的行为被称为“上厕所”。相反，厨房通常建在南面，南方在方位上被认为是“下”，因此去厨房的行为被称为“下厨房”。这种方位布局不仅反映了古代人对空间方位的认知，也体现了他们对不同功能空间的重视程度。

古代写字为什么从右往左写？

古人最早是没有纸写字的，用的都是竹简，而古人打开竹简都是右手执端，左手展开，为了方便阅读，开始自上而下，自右而左地书写。

古人们阅读书籍很少是用右手翻书的，都是右手拿着书，左手翻书。

根据刻字的习惯，自右向左来刻字的笔画要省力一些。

拜谒礼仪

- 揖：作揖，双手抱拳打拱，身体向前微倾
- 拜：两手合于胸前，低头至手与心平
- 再拜：先后拜两次，以示敬意
- 跪：双膝着地，挺直身子，以示庄重
- 稽首：古代的一种跪拜礼，叩头至地

“一人之下，万人之上”指的是谁？

丞相。“一人之下，万人之上”指的是地位仅次于皇帝、位高权重的大臣。这个成语出自《吴越春秋》，形容的是在皇帝之下的最高官员，通常是指丞相。在秦朝的三公九卿制度中，丞相是协助皇帝处理全国政事的重要官员，其地位仅次于皇帝，因此被称为“一人之下，万人之上”。

“三叩九拜”拜的是什么人？

“三叩九拜”通常用于向神佛或尊贵的人物致敬，是中国古代最敬重的行礼方式，具体是指双膝跪地下三次，每次跪地后磕三个头，共计九叩。这种礼节在古代有着深厚的文化内涵。

在古时候，座位为什么以左为尊？

在中国古代，左右尊卑的观念与阴阳五行学说密切相关。古人认为“左”为阳，代表吉利和尊贵；“右”为阴，代表不吉利和卑下。

五谷丰登的“五谷”是指什么？

五谷：稻、黍（黏小米）、粟、麦、豆。

“五味”是指什么？

五味是指酸、苦、甘（甜）、辛（辣）、咸五种味道。

我国的八大菜系有哪些？

鲁菜

鲁菜口味以咸鲜为主。讲究原料质地优良，以盐提鲜，以汤壮鲜，调味讲求咸鲜醇正，突出本味。

川菜

川菜口味以麻辣为主。突出麻、辣、香、鲜、油大、味厚，重用“三椒”（辣椒、花椒、胡椒）和鲜姜。

粤菜

粤菜口味以鲜香为主。选料精细，装饰美艳，品种繁多，注重创新，追求色、香、味、形。

苏菜

苏菜口味以清淡为主。用料广泛，以江河湖海水鲜为主，烹调技艺以炖、焖、煨著称，重视调汤，保持原汁原味。

闽菜

闽菜口味以鲜香为主。选料精细，刀工严谨，讲究火候，注重调汤，长于红糟调味，善于使用糖醋。

浙菜

浙菜口味以清淡为主。菜式小巧玲珑，菜品鲜美滑嫩，脆软清爽。

湘菜

湘菜口味以酸辣著称，以辣为主，酸寓其中。湘菜注重煨功，在色泽变化上可分为红煨、白煨。

徽菜

徽菜口味以鲜辣为主。讲究重油、重色、重火功，擅长烧、炖、熏、蒸类的功夫菜，具有酥、嫩、香、鲜的独特风味。

在古时候，古人吃什么蔬菜？

先秦时代，我们的祖先主要吃以下几种蔬菜——韭、薤、葵、葱、藿，它们合称为“五蔬”。这些蔬菜中，有一些直到现在还是我们餐桌上的常客，但也有一些蔬菜已经不太常见或者干脆消失了。

古人一般在什么时间吃饭？

人们一天通常吃两顿饭，分别称为“大食”和“小食”。

大食：通常在上午 8—9 点之间吃（也有说法为 7—9 点）。这是因为早上起来马上要下地干活，体力消耗大，所以需要多吃点，以补充能量。

小食：在下午 4—6 点之间吃（也有说法为 3—5 点）。此时太阳快落山了，人们结束劳作回家，吃完晚饭后差不多就要睡觉了，由于躺着消耗不了太多的能量，所以吃的食物较少。

饺子是谁发明的？

饺子是由东汉时期的张仲景发明的。张仲景是河南南阳人，被誉为“医圣”。他发明饺子最初是作为药用，用来包裹一些祛寒的药材，如羊肉、胡椒等，以避免病人耳朵上生冻疮。这一发明距今已有 1800 多年的历史了。

“民以食为天”这句话出自哪里？

“民以食为天”这句话出自西汉史学家司马迁的《史记・郦生陆贾列传》。原文是：“王者以民人为天，而民人以食为天。”意思是成就王业的人以人民为“天”，而人民则以食为“天”。这句话体现了粮食在人民生活中的重要性。

古代的盐分为几种？

古代的盐主要分为以下几类：海盐、池盐、井盐、岩盐和土盐。

满汉全席一共有多少道菜？

满汉全席通常包含 108 道菜。这些菜品分为南菜和北菜，各 54 道，通常需要三天时间才能吃完。满汉全席的菜品种类丰富，包括茶食、点心、饽饽、酱菜、御菜、烧烤、膳汤、水果等。

东坡肉是苏东坡发明的吗？

不是。东坡肉的原型是徐州回赠肉，为徐州“东坡四珍”之一。虽然东坡肉与苏东坡的名字紧密相连，但据历史学家考证，这道菜其实并非苏东坡本人所创制，而是后人为了纪念他对美食的热爱和他在美食方面的贡献，特别是他喜欢吃猪肉这一特点，而特别命名的。

古时候吃饭可以说话吗？

一般来说，古时候吃饭不能说话，这一习俗源自孔子的教诲，并在《论语》中有明确记载："食不语，寝不言。"这一习俗不仅是一种礼仪，更蕴含了古人对健康的重视。

涮羊肉最早起源于我国哪个朝代？

涮羊肉最早起源于元朝，这一说法与元世祖忽必烈有关。相传在700多年前，忽必烈在北征途中，由于时间紧迫，厨师将羊肉切成薄片，放入滚水中涮熟，这种快速的烹饪方式使得羊肉格外鲜嫩。忽必烈对此非常满意，并在胜利后将其命名为"涮羊肉"。

古时候没有洗衣粉，是怎么保持衣服清洁的？

古时候没有洗衣粉，人们通过使用天然材料和物理方法保持衣服清洁。具体方法包括使用草木灰、皂角和淘米水等天然物质，以及使用棒槌敲打衣物等物理方法。

汗血宝马名字的由来是什么？

汗血宝马之所以被称为"汗血"，是因为这种马在出汗时，汗液中带有血红色的物质，给人一种流血的错觉，因此得名。

知识拓展

吕布有一匹名为"赤兔"的良马。赤兔马在历史上被描述为一匹非常优秀的战马，能够在战场上疾驰，表现出色。

古人大多数是用什么材料建筑房屋的？

木材。木材轻便，易加工，保温性能好。人们通过砍伐树木获得木材，然后经过简单的加工，如锯、刨等，将木材用于建造房屋。

石材。石材坚固，耐用，防火性能好。人们可以通过开采山石获得石材，然后经过加工，如切割、打磨等，将石材用于建造房屋。

此外，土坯也是古代建筑中常用的材料之一。土坯是由泥土和稻草等材料混合而成，经过晾晒后形成的块状材料。土坯具有成本低、保温性能好等优点。

什么身份的人可以坐八抬大轿？

在古代，只有特定身份的人才能坐八抬大轿。具体来说，皇帝、王爷、三品以上的大臣、外省督抚等高级官员才有资格乘坐八抬大轿。此外，新娘在婚礼中也可以乘坐八抬大轿，但这是一种特殊场合的使用。

古人的出行方式有哪些？

古人出行的交通工具多种多样，主要包括马车、轿子、船、骑行工具等。

汉服是指汉朝的服饰吗？

汉服并不是某一个朝代的服装，而是汉民族的传统服饰，其起源可以追溯到黄帝时期，经过周朝、汉朝等朝代的演变和发展，最终在汉朝形成了较为完善的体系。

文化艺术

汉字的形体演变过程是怎样的?

甲骨文

我国已发现的最早的成熟文字，大量出现在殷商晚期，因刻在龟甲和牛肩胛骨上，故称“甲骨文”。

金文

铸造在殷周青铜器上的铭文，也叫钟鼎文。

大篆

西周晚期普遍采用的字体，主要包括籀文和石鼓文。

小篆

秦始皇统一中国后以小篆为通行文字，在籀文基础上简化而来。

特点：结构规正协调，笔势匀圆整齐。

隶书

由篆书简化而成，始于秦代，通行于汉代。

特点：字形扁方，左右舒展。

草书

始于汉代，在隶书基础上演变而来，分章草、今草、狂草。

特点：结构省简，笔画纠连，书写快捷，但难以辨认。

行书

始于汉末，形体和笔势介于草书和楷书之间，分行楷、行草。

特点：用笔灵活，行笔轻盈，线条平正自然，结构匀称方正。

楷书

始于汉代，自魏晋通行至今，也叫“正楷”“真书”“正书”。

特点：字形方正，笔画规整，横平竖直，间距匀称。

“汉字”这个词的由来是什么？

汉字的来历是从古代的结绳记事开始，慢慢地演化成在木片或竹片上刻记号，再到八卦。然而通过阴阳爻能表现的东西非常有限，人们就通过观察天地之间的事物，用各种形状表示意思，从而产生了甲骨文。甲骨文到了先秦时期演化成为篆书，极大地增大了文字量，但书写太复杂，到了秦朝，逐渐演化成隶书，变成了我们今天熟悉的汉字。

古人归纳的六种汉字类型是什么？

六书

- 古人归纳的六种汉字类型，包括：象形、指事、会意、形声、转注、假借
- **象形**：描摹事物形状的造字法，如“日”“月”“火”“山”“木”等
- **指事**：以象征性的符号来表示意义的造字法，如“本”“末”“朱”“刃”等
- **会意**：由两个或多个字合起来表示一个新意思的造字法，如“明”“问”“降”“烦”等
- **形声**：由声符和意符拼合成字，如“诗”“清”“跳”等
- **转注和假借**：它们并没有造出新字，因而是一种用字之法

汉字是谁创造的？

根据传说，仓颉是汉字的创始人之一。仓颉，原姓侯冈，名颉，俗称仓颉先师，又称为史皇氏或苍王、仓圣。他是黄帝时期的左史官，据传他在观察鸟兽足迹的启发下，对民间既有的图画文字进行搜集、整理和使用，最终创制出一套成体系的象形文字。

什么字体从魏晋时期一直流传至今?

从魏晋时期一直流传至今的字体是楷书。楷书，又称“真书、正书”，萌芽于西汉，成书于东汉末年，并在魏晋以后普遍流行，成为现代通行的字体。

古代一般用几类书写材料?

古代一般使用以下几类书写材料：甲骨、竹简、木牍、缣帛、青铜和纸。

书写材料

- **甲骨**：主要用于殷商时期的占卜记录，刻在龟甲或兽骨上，具有独特的占卜文化和历史价值
- **竹简**：从商代至魏晋时期，竹简是最常见的书写载体。竹简肌理细密，受墨性能好，且易于采集和加工
- **木牍**：与竹简类似，用于书写短文或记录信息，虽然不如竹简常见，但也是重要的书写材料
- **缣帛**：以丝织品为载体，质地轻薄，幅面宽阔，易于书写和携带，但价格昂贵，主要用于贵族和官方文书
- **青铜**：主要用于铸造铭文，记录历史事件和人物事迹，具有较高的艺术价值和历史意义
- **纸**：东汉时期由蔡伦改进，成为最普遍的书写载体。纸的出现极大地推动了文化的传播和发展

汉字有怎样的价值?

汉字经历了漫长而复杂的演变过程。在这一过程中，汉字不仅承载着中华民族的历史与文化，还见证了中华文明的进步与发展。汉字的演变，是中华文明不断发展、不断创新的生动写照，它记录了中华民族 5000 多年的文明史，成为中华民族独特的文化瑰宝。

汉字一共有多少个?

据不完全统计：汉字有10万个，这个数字包括了现存的汉字、古汉字、异体字和罕用字等。

汉字的笔顺规则有哪些?

汉字的笔顺规则主要有7条：先横后竖、先撇后捺、从上到下、从左到右、先外后内、先中间后两边、先外后内再封口。此外点在汉字中的位置不同，书写顺序也有所不同。一般来说，点在上部或左上角的汉字，应先写点；点在右上角或字里的汉字，应后写点。

“永字八法”是谁发明的?

关于“永字八法”的发明者，主要有三种说法：智永、王羲之和张旭。智永是隋代的书法家，他的“永字八法”对后世影响深远；王羲之是东晋时期的书法大家，他的书法风格独特，被誉为“书圣”；张旭是唐代著名的草书家，他的书法风格奔放自如。这三种说法都表明“永字八法”是书法史上重要的创新和发展。

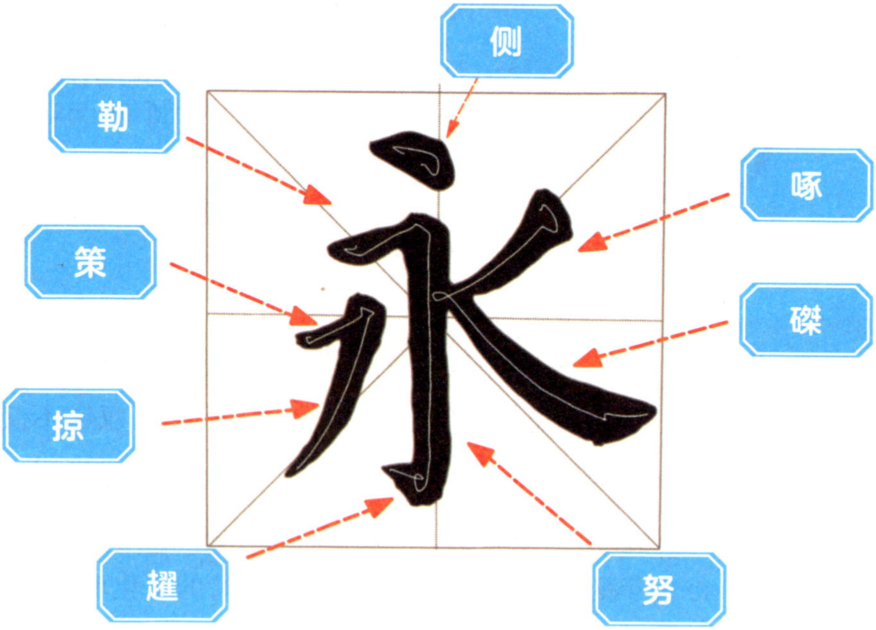

永字八法

- 点
  - 点为侧（如鸟之翻然侧下）
  - 侧锋峻落，铺毫行笔，势足收锋
- 竖
  - 直笔为努（用力也）
  - 不宜过直，太挺直则木僵无力，而须直中见曲势
- 提
  - 提为策（如策马之用鞭）
  - 起笔同直画，得力在画末
- 短撇
  - 短撇为啄（如鸟之啄物）
  - 落笔左出，快而峻利
- 横
  - 横为勒（如勒马之用缰）
  - 逆锋落纸，缓去急回，不可顺锋平过
- 钩
  - 钩为趯（tì，跳貌，与跃同）
  - 驻锋提笔，使力集于笔尖
- 长撇
  - 长撇为掠（如用篦之掠发）
  - 起笔同竖画，出锋稍肥，力要送到
- 捺
  - 捺为磔（zhé，笔锋开张也）
  - 逆锋轻落笔，折锋铺毫缓行，收锋重在含蓄

文房四宝指哪四宝？

笔、墨、纸、砚。

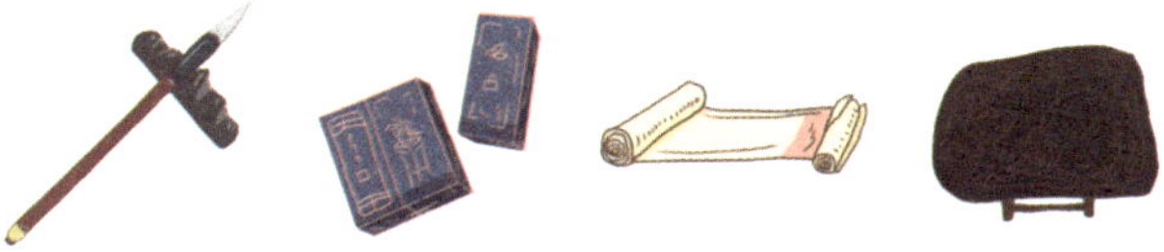

文房四宝是谁发明的？

笔：文房四宝中的笔是由战国时期的秦国大将蒙恬发明的。蒙恬发明了毛笔，并将其命名为“管城子”或“毛锥子”。

墨：墨的发明者传说是周宣王时期的画师邢夷。他偶然发现烧过的松炭，并将其研成末，加入锅灰和糯米汤，制作成墨。

纸：东汉的蔡伦在公元 105 年改进了造纸术，使用树皮、破麻布和渔网等材料制作纸张，这种纸被称为“蔡侯纸”。

砚：砚台的发明者已无从考证，因为砚台是与墨同时出现的工具。砚台是用来研磨墨的工具，其出现时间与墨相近。

书圣是谁？

王羲之。王羲之的书法成就极高，尤其擅长楷书和行书。他的代表作《兰亭集序》被誉为“天下第一行书”，不仅在书法艺术上达到了极高的境界，还对后世书法艺术产生了深远的影响。王羲之的书法风格自然流畅，笔势潇洒飘逸，充满了艺术的感染力。

“楷书四大家”是哪四位？

欧阳询的楷体笔力险峻，结构独异，后人称为“欧体”，世称“唐人楷书第一”，代表作有《九成宫醴泉铭》。

颜真卿的楷书端庄雄伟，气势开张，世称“颜体”，代表作有《颜勤礼碑》《颜家庙碑》《多宝塔碑》《麻姑仙坛记》。

柳公权的楷书清健遒劲，结体严谨，笔法精妙，笔力挺拔，世称“柳体”，代表作有《玄秘塔碑》和《神策军碑》。

赵孟頫的楷书圆润清秀，端正严谨，又不失行书之飘逸娟秀，世称“赵体”，代表作有《玄妙观重修三门记》。

宋体是秦桧发明的吗？

宋体字并非由秦桧发明。尽管有传言称宋体字是秦桧发明的，但这一说法并没有确凿的历史依据。秦桧是南宋时期著名书法家和宰相，他的书法造诣颇深，尤其擅长楷书，但宋体字的发明与他无关。

宋体字实际上是在明朝成熟并定型的。明朝的印刷工匠在刻制书籍时，为了适应印刷的需求，对字体进行了改进，形成了现代的宋体字。宋体字的特点是笔画有粗细变化，横细竖粗，末端有装饰部分，常用于书籍、杂志、报纸的正文排版。

“宋四家”指的是哪四位？

苏轼：擅长行书和楷书，代表作品有《治平帖》《前赤壁赋》《黄州寒食诗帖》《祭黄几道文》《洞庭春色赋》等。其中，《黄州寒食诗帖》被誉为“天下第三行书”。

黄庭坚：擅长行书、草书和楷书，代表作品有《黄州寒食诗卷跋》《松风阁诗帖》《李白忆旧游诗卷》《寒山子庞居士诗帖》等。他在宋代书法史上贡献巨大，被誉为“宋朝楷圣”。

米芾：擅长篆、隶、楷、行、草等书体，主要作品有《张季明帖》《李太师帖》《紫金研帖》《淡墨秋山诗帖》等。他的《蜀素帖》被称为“天下第八行书”。

蔡襄：擅长正楷、行书和草书，代表作品有《自书诗卷》《谢赐御书诗》《陶生帖》《郊燔帖》《蒙惠帖》等。他修建了中国第一座海港大石桥万安桥，被称为“福建桥梁的状元”。

谁被称为“草圣”？

有三位书法家都被称为“草圣”，分别为东汉时期的张芝、唐代的书法家张旭和怀素。

“天下第一楷书”是谁的作品？

被誉为“天下第一楷书”的作品是欧阳询的《九成宫醴泉铭》。欧阳询是初唐四大书法家之首，尤以楷书著称。

“天下三大行书”是指哪三幅作品？

王羲之的《兰亭集序》、颜真卿的《祭侄文稿》和苏轼的《黄州寒食诗帖》。

“雅人四好”是指什么？

“雅人四好”指的是琴、棋、书、画这四种古代艺术性文物或技艺，亦称“文人四友”。

“雅人四好”不仅体现了古代文人雅士的艺术修养，也反映了他们追求精神自由、超脱世俗的生活态度。这一概念历经千年传承，至今仍对中国文化产生着深远影响。

古琴的音色有哪三种？

古琴的音色主要包括散音、按音和泛音这三种。散音深沉、浑厚，是古琴的基本音色；按音则细腻、婉转，通过左手按弦产生不同的音高和音色变化；泛音则清脆、悠扬，通过右手弹奏的同时，左手轻触琴弦特定位置产生。这三种音色各有特色，相互融合，共同构成了古琴独特的音乐魅力。

古琴最初五根弦，后加的两根弦叫什么？

文弦和武弦。古琴最初只有五根弦，分别代表金、木、水、火、土五行，同时也对应宫、商、角、徵、羽五音。据传，后来，周文王在囚禁期间，为了悼念死去的儿子伯邑考，增加了一根弦，称为文弦；周武王在伐纣时，为了激励将士，又增加了一根弦，称为武弦。

中国古琴十大名曲有哪些？

《潇湘水云》《广陵散》《高山流水》《渔樵问答》《平沙落雁》《阳春白雪》《胡笳十八拍》《阳关三叠》《梅花三弄》《醉渔唱晚》。

古筝起源于哪个国家？

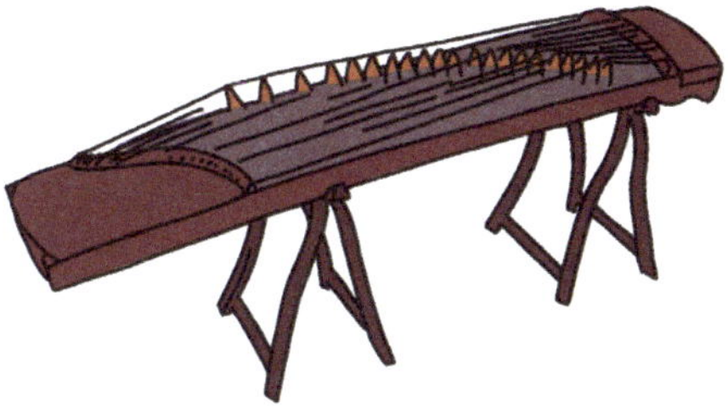

古筝起源于中国，具体起源于公元前5世纪的战国时代，在秦国（今陕西）一带广泛流传，因此又被称为秦筝。古筝已有2500多年的历史，是中国音乐文化的重要组成部分，也是世界音乐宝库中的瑰宝。它因古朴雅致之感、优美抒情的曲调以及气势磅礴的乐章而深受人们喜爱。

古筝一共有几根弦？

古筝通常有21根弦。古筝是一种中国传统弹拨乐器，其弦的数量在历史上有所变化，最早以25根弦为最多，唐宋时有13根弦，后来增加到16根、18根，最终定型为现在常用的21根弦。

古人对琵琶的雅称是什么？

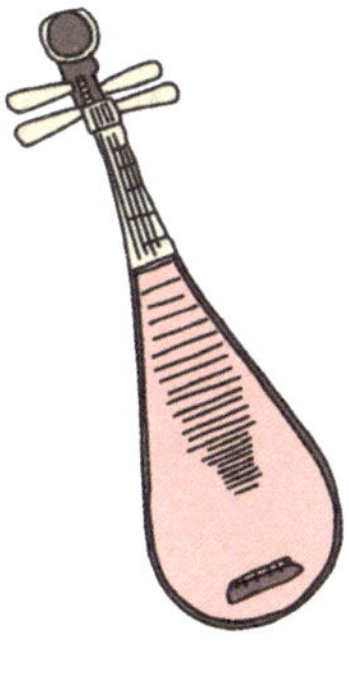

丝竹之王：在古代，管乐器和弦乐器分别被称为“竹”和“丝”，琵琶作为丝弦乐器中的代表，被尊称为“丝竹之王”。

凤凰箫：在古代，国宴上常用凤凰箫来表达欢迎和敬意，而琵琶在民间也常被称为凤凰箫，象征着高尚、神秘和优雅。

中国古筝十大名曲有哪些？

《高山流水》《梅花三弄》《夕阳箫鼓》《汉宫秋月》《阳春白雪》《渔樵问答》《胡笳十八拍》《广陵散》《平沙落雁》《十面埋伏》。

中国古代十大音乐家包括哪十位？

师 旷

师旷，春秋时期晋国宫廷盲人乐师，被称为中国古代“乐圣”。代表作品：《阳春白雪》《玄默》。

伯 牙

伯牙，春秋时期晋国上大夫，著名琴师、作曲家，擅弹古琴，被尊为“琴仙”。代表作品：《水仙操》《高山流水》。

李延年

李延年，西汉音乐家，善歌舞，精通音乐创作。“北方有佳人，绝世而独立。一顾倾人城，再顾倾人国。”他创作的《佳人曲》，对五言诗起着一个开端的作用。代表作品：《佳人曲》。

嵇 康

嵇康，三国曹魏时期音乐家、文学家，“竹林七贤”精神领袖。代表作品：《琴赋》《声无哀乐论》《广陵散》《风入松》。

苏祇婆

苏祇婆，西域龟兹（今库车）人，北周至隋代著名音乐家和琵琶演奏家，将龟慈乐调“五旦七调声”宫调体系引入中原。代表作品：《五弦琵琶》。

万宝常

万宝常，隋代音乐家，年幼时已妙达音律、遍工八音，曾用筷子演奏出动听乐曲。代表作品：《乐谱》。

李隆基

李隆基，即唐玄宗，擅长作曲，是中国古代第一位皇帝音乐家。代表作品：《霓裳羽衣曲》《小破阵乐》《春光好》《秋风高》。

李龟年

李龟年，唐代音乐家，擅长唱歌，受唐玄宗宠幸而红极一时，被誉为“唐代乐圣”。代表作品：《渭州曲》。

姜 夔

姜夔，南宋文学家、音乐家。他的《白石道人歌曲》是唯一一部带有曲谱的宋代歌集，被视作“音乐史上的稀世珍宝”。代表作品：《扬州慢》《杏花天影》。

朱载堉

朱载堉，明代著名音乐家，明太祖九世孙，他创建的“十二平均律”理论被广泛应用在世界各国的键盘乐器上，被后世称为“钢琴理论的鼻祖”。代表作品：《乐律全书》《律吕正论》。

围棋的起源是哪里？

围棋起源于中国。关于其起源，有一个流传广泛的说法是：“尧造围棋，以教子丹朱。”

传说中国古代最早的帝王之一尧，有一个儿子名叫丹朱。丹朱小时候非常淘气，尧帝为了教育他，发明了围棋，并开始教他学。丹朱学会围棋后，不仅开发了智力、陶冶了性情，还悟出许多做人的道理，后来成为一名能文善武的将军。

第一位有文字记载的围棋高手是谁？

《孟子》中的弈秋，是第一位有文字记载的围棋高手，被后人称为“棋道鼻祖”。

现存最古老的围棋棋谱是什么？

《敦煌棋经》，据考证撰写年代为北周。

唐代王积薪创作的十条关于围棋的定律是什么？

不得贪胜、入界宜缓、攻彼顾我、弃子争先、舍小就大、逢危须弃、慎勿轻速、动须相应、彼强自保、势孤取和。

古代围棋有段位吗？

古代围棋有段位制度，但并非现代意义上的段位，而是“九品制”。分别是一品入神、二品坐照、三品具体、四品通幽、五品用智、六品小巧、七品斗力、八品若愚、九品守拙。其中，一品等级最高，象征棋艺已入化境，无人能敌；九品则是最基础的等级。

中国象棋为什么有五个“兵”？

中国文化讲究五行（金、木、水、火、土），这种思想深深影响了象棋的设计。棋盘的设置中，五个兵象征着五行的力量，也象征着军队的完整性和协同作战的能力。而且，象棋中的五个兵，正好对应“五方阵法”，即中军、左翼、右翼、前锋、后卫。这种布局让兵的阵形在进攻、防守中各司其职，体现了中国古代军事智慧。

为什么象棋棋盘上的分界线叫“楚河汉界”？

这个设计是为了纪念历史上的楚汉战争。楚汉战争是中国历史上首次为争夺天下而进行的大规模战争，这场战争在中国历史中占据着重要地位。《史记》记载，鸿沟以西为汉，以东为楚，这条界线成了中分天下的象征。

象棋中的“将军”是什么意思？

在象棋中，当一方的棋子在下一着棋能够直接吃掉对方的将（帅）时，这种情况被称为“将军”，简称“将”。同时，“被将军”则指将（帅）处于被对方棋子攻击的状态，此时必须采取化解和调整措施（称为“应将”），否则将面临输棋的局面。

象棋中的将（帅）为什么不能斜着走？

在中国象棋中，将（黑方）和帅（红方）只能在“九宫格”内活动，每次移动只能沿着竖线或横线走动一格，不能斜着走。这种设计是为了平衡游戏策略和限制将帅的移动范围，确保游戏的公平性和策略性。

国画指的是水墨画吗？

水墨画是国画的重要组成部分，但国画并不仅限于水墨画。它还包括了其他多种绘画形式和技法，共同展现了中国传统绘画的博大精深。

“六朝四大家”的四位画家分别是谁?

东吴曹不兴、东晋顾恺之、南朝宋陆探微、南朝梁张僧繇。

被世人评价为“三绝”的画家是谁?

顾恺之。他是东晋时期的杰出画家、绘画理论家和诗人。他博学多才，擅长诗赋、书法，尤其擅长绘画，精于人像、佛像、禽兽、山水等题材，因此被世人称为“三绝”，即画绝、才绝和痴绝。

被后人称为“画圣”的是谁?

吴道子。他精通于人物、佛道作品，尤其擅长壁画创作。代表作为《送子天王图》。他开创了国画的兰叶描技法。他画人物走势圆转，衣服飘带如迎风飞扬，后人称这种画风为“吴带当风”。

《清明上河图》的长度是多少?

《清明上河图》的长度有两种说法，一种是528.7厘米，另一种是528厘米。它是中国十大传世名画之一，为北宋风俗画，属国宝级文物，现藏于故宫博物院。

“扬州八怪”是哪八个人?

金农、郑燮（郑板桥）、黄慎、李鱓、李方膺、汪士慎、罗聘、高翔。

中国最早的一副春联是在什么时候出现的？

据说是五代十国后蜀国君孟昶写的，内容是“新年纳余庆，嘉节号长春”。春联在宋代已经很普遍了，到了明清尤为繁盛。

对联的种类有哪些？

一般分为春联、婚联、寿联、贺喜联、挽联、楹联、戏对、趣对、俗对、题赠联、集句联等。

贺喜联用于祝贺生子、嫁女、乔迁等喜事，挽联用于哀悼亡人，楹联指庙宇、寺院楹柱上的对联。

俗对指民间那些浅显通俗的对联，题赠联指题咏祖国山河和题赠友人的对联，集句联则是由古文、诗词中的对偶句集拼而成的对联。

对联有字数限制吗？

对联没有明确的字数限制，但常见的对联字数通常在 4~7 字之间，超过 12 字为长联。对联的字数要求主要是上下联字数必须相等，不能有多有少。

对联的常见形式包括什么？

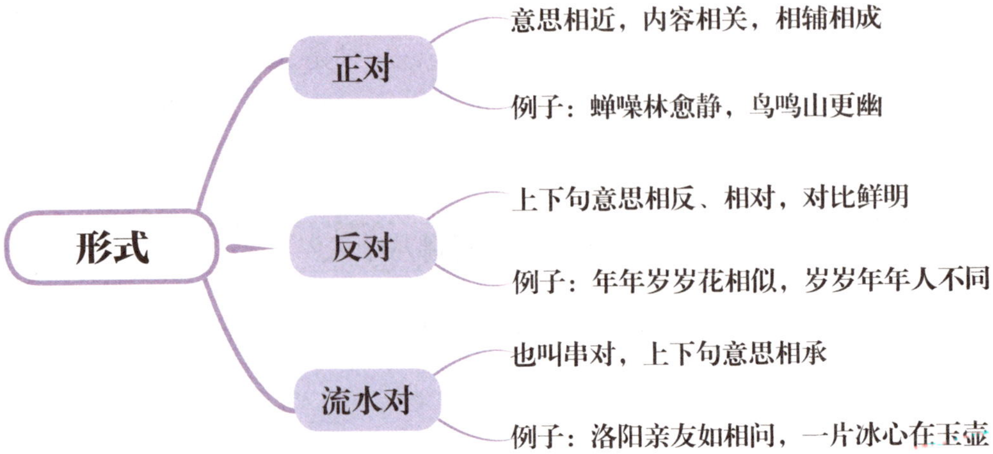

中国五大剧种分别是什么？

京剧，被称为“国剧”，形成于清朝时期的北京，以其丰富的唱腔和表演艺术而闻名。经典剧目包括《智取威虎山》《贵妃醉酒》和《霸王别姬》。

豫剧，早期称为河南梆子，分布广泛，经典剧目有《穆桂英挂帅》《红娘》和《花打朝》。

越剧，发源于浙江嵊县（今嵊州），以抒情见长，代表剧目有《祥林嫂》《梁山伯与祝英台》和《红楼梦》。

评剧，俗称“蹦蹦戏”，流行于华北和东北地区，代表剧目有《刘巧儿》《花为媒》和《杨三姐告状》。

黄梅戏，源于安徽、江西和湖北交界处，代表剧目有《牛郎织女》和《天仙配》，以其纯朴流畅的唱腔著称。

戏班又被叫作“梨园”，为什么？

“梨园”这个词，原本是指唐代都城长安的一个地名。相传唐玄宗李隆基特别喜欢戏曲和音乐，他不仅精通音律，还亲自在梨园这个地方教演艺人，选拔了300名乐工子弟，在这里进行专业的训练。这些乐工技艺高超，代表着当时宫廷音乐的最高标准！因为唐玄宗经常在这里教戏、演戏，所以后来人们就把戏曲班子叫作“梨园”。

随着时间的推移，“梨园”逐渐成了戏曲艺人的代称，人们习惯上称戏班、剧团为“梨园”，称戏曲演员为“梨园子弟”，把几代人从事戏曲艺术的家庭称为“梨园世家”，戏剧界则被称为“梨园界”。这就是“梨园”这个词的由来。

“戏曲”这个词最早是谁提出的？

历史上最先使用“戏曲”这一名词的是宋刘埙，他在《词人吴用章传》中提出“永嘉戏曲”，他所说的永嘉戏曲，就是后人所说的南戏、戏文、永嘉杂剧。

京剧的四大行当分别是什么？

四大行当

- 生：泛指除净、丑之外的男性角色，包括老生、小生等
- 旦：女性角色的统称，包括青衣（正旦）、花旦、刀马旦、武旦、老旦等
- 净：俗称花脸，脸谱化装，表现性格粗犷、豪迈的人物，包括大花脸、二花脸和武花脸
- 丑：指小花脸或三花脸，喜剧角色，多扮演滑稽调笑式的人物

京剧脸谱主要颜色有哪些？

京剧脸谱的主要颜色包括红色、黄色、白色、蓝色、黑色、绿色、紫色、金色和银色。每种颜色都有其特定的象征意义和代表人物。

红色：代表忠勇侠义，多为正面角色，如关羽、赵云等。

黄色：代表骁勇凶猛，如宇文成都。

白色：代表奸诈阴险，多为反面角色，如曹操、司马懿等。

蓝色：代表刚强骁勇，如窦尔敦。

黑色：代表刚正直率，如包拯、李逵等。

绿色：代表暴躁骁勇，如武天虬。

紫色：代表孝顺忠勇，如李靖。

金色和银色：代表神佛精灵或妖魔鬼怪。

京剧中的服装主要分哪几类？

京剧中的服装主要分为四大类：大衣、二衣、三衣和云肩。

大衣类：包括蟒、官衣、开氅、帔、褶子等。这些服装通常用于表现宫廷帝王将相、朝廷官员等身份的人物。例如，蟒袍是帝王将相的正式礼服，官衣则是文官的工作服。

二衣类：包括靠、箭衣、马褂、抱衣等。这些服装主要用于表现武将或穿铠甲的角色。例如，靠是古代战士的战斗服装，箭衣则是武将的日常服饰。

三衣类：俗称靴箱，包括各种靴鞋及内衣装束。这些服装主要用于演员的化装和表演时的保护，如水衣子、初胖袄、彩裤等。

云肩类：主要用于女性角色的服饰配件，如皇后、公主等贵族女性的服饰配件。

京剧中的“四功”指的是什么？

唱 指歌唱，是戏曲表演中的核心内容，通过歌唱来表达人物的情感和推动剧情的发展。

念 指具有音乐性的念白，与唱相辅相成，构成歌舞化的京剧表演艺术两大要素之一的“歌”。

做 指舞蹈化的形体动作，包括手势、眼神、身段、步法等，通过这些动作来表现人物的情感和动作。

打 指武打和翻跌的技艺，主要用于表现战斗场景和武打戏。

哪种戏剧被称为“百戏之祖、百戏之师”？

昆曲。昆曲融诗、乐、歌、舞、戏为一体，在中国文学史、戏曲史、舞蹈史上都占有重要地位，对众多的戏曲品种都产生过重要直接的影响，因而被称为“百戏之祖、百戏之师”。

被誉为“中国歌剧”的是哪个剧种?

越剧，中国第二大剧种，有第二国剧之称，又被称为“流传最广的地方剧种”，有观点认为其为“最大的地方戏曲剧种”，在国外被称为“中国歌剧”。2006年，越剧被列为首批国家级非物质文化遗产。

“变脸”是哪个剧种的特色之一?

变脸是川剧表演的特技之一，技术性很强，是有较高难度的特殊表演动作。通过脸谱的快速变化，揭示人物的内心世界和情感变化。变脸分为“抹脸”“吹脸”“扯脸”三种方法。

川剧变脸最多可以变多少张?

川剧变脸，最多可以变化62张脸，而回脸有6张。2008年，樊磊创下了川剧变脸62张的吉尼斯世界纪录，成了川剧变脸世界记录的保持者。

“皮影戏”属于什么艺术形式?

民间戏剧形式。皮影戏是一种以兽皮或纸板做成的人物剪影，通过灯光照射在白色幕布上表演故事的民间戏剧形式，属于中国民间古老的传统艺术。皮影戏在表演时，艺人们在幕后操纵影人，同时用当地流行的曲调讲述故事，并配以打击乐器和弦乐，具有浓厚的乡土气息。

发明创造

我国的四大发明分别是什么？

造纸术、指南针、火药和印刷术。这四种发明对中国古代政治、经济、文化的发展起到了巨大的积极作用，同时也影响了世界文明发展史的进程。

造纸术是什么时候出现的？

最早在西汉时期，人们已经懂得了造纸的基本方法。东汉时，蔡伦根据前人的经验，对造纸术进行了改良。他用树皮、麻头、破布和旧渔网等植物纤维作为造纸的原料，大大提高了纸的质量。

并且这种原料方便寻找且价格便宜，便于推广和使用。这种纸被称为“蔡侯纸”。

世界上最早的指南仪器叫什么？

司南。早在战国时期，人们就根据磁石指示南北的特性发明了指南工具。它主要是由一根装在轴上的磁针组成，磁针在地磁场的作用下自由转动并保持在磁子午线的切线方向上，磁针的南极指向地理南极，利用这个性能可以辨别方向。

知识拓展

除了司南外，罗盘和磁针也可以用来辨别方向和方位。

指南针有什么作用?

在中国古代，指南针刚开始应用于祭祀、礼仪、军事和占卜，以及看风水时确定方向，后来用于航海、大地测量、旅行和军事等。

火药是如何被发明的?

火药始于隋唐时期，是中国古代炼丹家发明的。古代道教在研究炼丹术时，掌握了一些能够使药物引起燃烧的化学方法。后来被用于制造烟火，直到唐朝末年才逐渐用于军事领域。

知识拓展

唐朝时期著名的医学家、炼丹家孙思邈在他的著作中就有关于火药的配方。

世界上第一种火药火箭出现在什么时期?

宋朝。它是由士兵出身的谋士唐福制造的。他将火药装在竹筒里，火药背后扎着细小的“定向棒”，点燃火管上的火哨，筒里的火药就会迅速燃烧，产生向前的推力，这样“火箭”就会飞向敌人的阵营，造成爆炸。

我国最早的精密测量工具是什么?

青铜卡尺。是汉朝王莽时期就出现的精密测量工具。它由固定尺和活动尺等部件构成，与现代的游标卡尺惊人地相似。

古代印刷术的发展历程是怎样的?

早在先秦时期，就出现了印章，它是最早期的一种印刷术形式。到东汉时期，又发明了拓印。唐朝发明的雕版印刷术在唐朝中后期普遍被使用，大幅度提高了书籍的生产效率。直到宋朝时期毕昇发明的活字印刷术，将文字的印刷效率和灵活性大幅度提高，也推动了文化的传播。

活字印刷术是怎么被发明出来的?

毕昇长期从事雕版印刷的工作，他发现这种传统的雕版印刷费时、费力、成本高。经过探索发现，他用胶泥制作出字模，每个字模都是一个小的立方体，立方体上刻着字。这样只需要在印刷的时候把字模按照文档的内容排列在铁板上，印刷时，用墨涂抹在字模上就可以了。

世界上最早的地震仪是什么时候发明的?

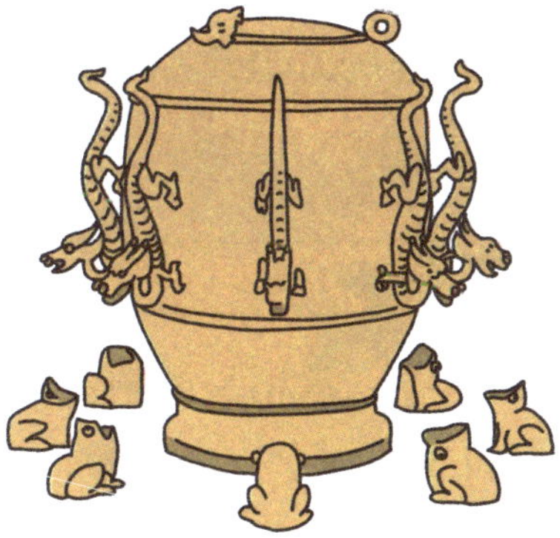

公元 132 年，是由东汉时期的科学家张衡发明的。他研制出的地动仪是世界上最早的地震仪，它只能记录地震的大致方向，并不能记录地震波，但也极大地提高了古代人民对于地震灾害的预警能力。我国的地动仪比欧洲创造的类似的地震仪早了 1700 多年。

谁是世界上第一位把圆周率计算到小数点后第七位的科学家?

祖冲之。他是南北朝时期著名的数学家、天文学家和科学家。圆周率的应用非常广泛，尤其是在天文、历法等方面，凡是涉及圆的问题，都要用圆周率来计算。祖冲之对圆周率的推算对中国乃至世界都是一个重大贡献。

我国的木匠鼻祖是谁？

鲁班。他是中国古代著名的发明家和工匠。据说鲁班发明了钻、刨子、铲子、曲尺，以及画线用的墨斗等。每一个工具都是鲁班在实践中经过反复研究、实验创造出来的产物。他发明创造的工具对后世产生了深远的影响。

温室栽培技术最早出现在什么时期？

汉朝。据《汉书》记载，西汉时期，当时的政府在“太官园”中就使用了温室栽培技术，通过在菜圃上覆盖屋庑并昼夜点燃火，成功地在冬天种植了葱、韭菜和茄子等蔬菜。

中国农业的四大发明是什么？

稻作栽培、大豆生产、养蚕缫丝、种茶制茶。水稻是中国古代最重要的粮食作物之一，早在 7000 多年前的河姆渡文化遗址中，考古学家就发现了丰富的稻类遗存物。野生大豆遍布世界各地，但中国的野生大豆和栽培的大豆最为相似。中国是世界上最早发明养蚕缫丝的国家，在距今 7000~5000 年的仰韶文化遗址中，就发现了蚕茧标本以及现存最早的丝织品。我国的茶叶由遣唐使带往日本，并融入了日本的“茶道”。中国农业的四大发明对人类的生活也产生了深远的影响。

被誉为中国最早的农业发明者的是谁？

神农氏。华夏太古三皇之一，传说中的农业和医药的发明者，他尝遍百草，教人医疗与农耕，因此被世人尊称为“药王”“五谷王”“五谷先帝”“神农大帝”等，并被尊奉为中国农业始祖。

中国最早的麻醉药是谁发明的?

华佗。他是东汉末年著名的医学家，与董奉、张仲景并称为“建安三神医”。他发明的麻醉药古称麻沸散。华佗采用酒服“麻沸散”对患者施行腹部手术，开创了全身麻醉手术的先例。华佗被后人称为“外科圣手”“外科鼻祖”。

什么是“五禽戏”？

“五禽戏”是华佗效仿虎、鹿、熊、猿、鸟五种动物的活动而创造的体操健身运动，对人们的躯体和五脏都有较好的锻炼效果。

“四诊法”是谁发明的?

扁鹊。他是春秋战国时期著名的医学家。四诊法是扁鹊根据民间流传的经验以及自己多年的医疗实践总结出来的四种诊断疾病的基本方法，包括望诊、闻诊、问诊和切诊，总称“四诊法”。

被誉为“东方医学巨典”的是哪部作品?

《本草纲目》。该书由明代药物学家李时珍所著。李时珍遍访名医，走入山林，亲自尝遍百草，积累了丰富的医药知识和实践经验。经过 30 年的努力，终于在晚年完成了这部著作。这部作品不仅为中医药学的发展做出了巨大贡献，也是世界自然科学史上重要的里程碑。

什么是陶器?

人们用黏土制成各种器物，干燥后经火焙烧，就制造出了陶器。陶器在古代作为一种生活用品，现代一般作为工艺品收藏。陶器最早出现于新石器时代（前 8000—前 2000）。

陶器的发展对人类生活有什么意义?

陶器是人类文明发展的重要标志，大大改善了人类的生活条件，让人类能够自己制造出容器和炊具，从而增加食物的摄入，增强体质，改变了古人的生活方式和生存状态。

被誉为“世界八大奇迹之一”的陶俑是什么?

兵马俑。秦始皇陵兵马俑位于陕西秦始皇陵以东 1.5 千米处的兵马俑坑内。兵马俑分兵俑、马俑、车俑等不同类型，陶塑风格注重刻画人物的精神面貌和性格特点，形象生动。是中国古代塑造艺术臻于成熟的标志，被誉为“世界第八大奇迹”。

什么是唐三彩?

唐三彩，全名唐代三彩釉陶器，是一种低温釉陶器，以黄、绿、白三色为主，因而称为“唐三彩”。唐三彩最早出现于唐高宗时期，唐玄宗开元时期发展到巅峰。唐三彩有动物、人物雕塑和日用器皿等多种造型，以侍女俑、胡人俑、舞乐俑、骆驼、马等最为突出。人物形象精细，动态刻画精准，生动逼真，极具艺术张力。

什么是瓷器?

瓷器，也叫“磁器”，是由瓷石、高岭土、石英石等经过高温（1280℃ ~ 1400℃）烧制而成，外表施有玻璃质釉或彩绘的器物。瓷器的前身是原始青瓷，原始青瓷是由陶器向瓷器过渡阶段的产物。中国真正意义上的瓷器产于东汉时期（25—220）。

瓷器的发展有什么意义?

瓷器不仅是生活用品，还象征着社会地位和文化底蕴，在中国文化中具有重要地位。瓷器在中外文化交流中扮演着重要的角色，为古代社会带来了巨大的经济利益。

中国四大名瓷窑是哪四个?

河北磁州窑

河北磁州窑以其白瓷和青瓷著称，瓷器以实用为主，如瓷瓶、瓷碗和茶具等。

浙江龙泉窑

浙江龙泉窑以其青瓷著称，青瓷釉色清澈翠绿，釉面光滑如玉，常见的瓷器有茶壶、花瓶和碗盘等。

江西景德镇窑

江西景德镇是中国陶瓷之都，其窑口的瓷器包括青花瓷、景泰蓝、粉彩瓷等，具有深厚的历史底蕴。

福建德化窑

福建德化窑以其高温彩瓷著称，这种瓷器通常具有丰富多彩的装饰，釉面多用五彩绘制，图案常取材于中国传统文化和自然风光。

什么是青铜器?

青铜器是由红铜、锡和铅等元素的合金制成的器具，初为金色，氧化后变为青绿色。青铜器的发明标志着人类从石器时代进入了青铜时代，是人类历史上的一项伟大发明。

青铜器经历了哪几个阶段的发展?

出现：在中国仰韶文化早期和马家窑文化时期就已经出现，一般为小型工具或饰物。

发展：到了夏朝，青铜器的种类逐渐增多，开始有青铜容器和兵器。

盛行：商晚期至西周早期，是我国青铜器发展的鼎盛时期，器型多种多样，铭文逐渐加长。

衰落：春秋晚期至战国，随着铁器的推广使用，铜质工具越来越少。

青铜器的种类和用途有哪些?

青铜器有礼器、食器、兵器、乐器等类别，以礼器为主。常见的青铜礼器有鼎、鬲（lì）、簋（guǐ）、豆、爵、觯（zhì）、觥（gōng）、盉（hé）等。

古代有代表性的青铜器有什么?

后母戊鼎（旧称“司母戊鼎”）

四羊方尊

曾侯乙编钟

马踏飞燕

越王勾践剑

神话人物和典故

- 《山海经》
  - 神话篇
    - 精卫填海
    - 神农尝百草
    - 女娲补天
    - 夸父逐日
  - 异人国
    - 沃野国——吃凤凰蛋，喝露水
    - 轩辕国——长着人的脸、蛇的身子，尾巴盘结在头上
    - 夸父国——又称博父国，这个国家的人都身材高大，宛如巨人
    - 一目国——这个国家的人都是独眼，眼睛长在鼻子稍微靠上的位置
  - 神兽篇
    - 凿齿——妖兽，被后羿射死
    - 九尾狐——常出现在历史小说、现代小说、科幻小说、言情小说等中
    - 凤凰——百鸟之王，全身长着五彩斑斓的羽毛
    - 长右——像猴子，传说长右到的地方，就会发生洪水

三皇五帝指哪些人物?

“三皇五帝”是中国古代传说中的帝王，具体指的是哪些人物，历史上有多种说法。其中，流传最广的说法是以燧人氏、伏羲氏、神农氏为“三皇”，以黄帝、颛顼、帝喾、尧、舜为“五帝”。

天帝在人间有家吗?

神话传说中，天帝在人间是有“家”的。《山海经》中记载，昆仑山就是天帝在人间的家。山上奇花异草、珍禽异兽无数，西王母也居住于此，掌管长生不老之药，是无数修仙者梦寐以求的圣地。

精卫为什么要填海？

精卫是炎帝最小的女儿，名叫女娃。有一次她驾着小船在东海游玩，结果遇上大风浪，被淹死在了东海。她死后，变成了一只精卫鸟。为了把害她性命的东海填平，她便一趟又一趟地把树枝和石子扔进东海。

尧将帝位传给了谁？

舜。尧有个儿子叫丹朱，尧认为他不适合当自己的接班人，于是让人推荐人选。有人推荐了舜，尧考察了舜三年，觉得他说话办事都很可靠，才决定把帝位禅让给舜。同时还把两个女儿娥皇和女英嫁给了他。

舜是一个怎样的人？

舜善良宽容，孝感动天，是一位上古明君。舜的母亲死得早，他对继母和父亲非常孝顺，可继母却一直想害死他。舜修补谷仓仓顶，继母和弟弟在谷仓里放火，舜手上拿着两个大斗笠，仿佛长了一双翅膀跳下来逃脱。事后舜毫不记恨，仍对继母恭顺，对弟弟慈爱，他的孝行感动了天帝。舜在历山耕种时，大象替他耕地，鸟代他锄草。

二十四节气的创始人是谁？

帝喾。早在伏羲时期，就有了一年四季的概念，却没有一个科学的规律，导致农耕业的发展受到限制。帝喾细心地观察天气变化，在四季的基础上发展创新，并根据农作物的生长需求，制定了二十四节气。

祝融是位怎样的神？

祝融被称为火神。传说有 6 个大臣辅佐黄帝，他们合称六相，对应四方以及天地，祝融对应南方，所以称他为南方祝融。他长着野兽的身体，人的面孔，平时会乘坐两条龙出行。

关于祝融的神话故事有哪些？

神话故事里，他是火神。他既辅佐过黄帝，也当过尧帝的刽子手，处死了治水不利的鲧。还有远古时期祝融与共工交战，共工失败后一头撞倒不周山的故事。关于祝融的故事时间跨度非常长，很多人认为，祝融可能不是指具体的一个人，而是一个官职。

刑天是位怎样的神?

刑天是一位勇猛善战的战神。炎帝向黄帝投降后，他的部下刑天不服气，还要继续反抗。可是刑天不是黄帝的对手，他的头被黄帝砍下，身体埋在常羊山。刑天的斗志太强，还要继续反抗。没有脑袋，刑天就用两只乳头作为眼睛，肚脐眼作为嘴巴，这样，他既看得见，又能说话。刑天一只手拿着盾牌，另一只手拿着大斧头，在空中奋力地挥舞着，还想与黄帝再战一场。他以不屈不挠的精神著称于世。

“飞黄腾达”中的“飞黄”指的是什么?

指的是传说中的神马“乘黄”，“乘黄”也叫“飞黄”。据《山海经》记载，它是一种全身雪白，外形像狐狸一样，背上有犄角的神兽。只要你骑上它，至少能活 2000 岁。据说黄帝骑的就是飞黄马。在后世，如果新登基的君王是合格的、受到上天认可的，飞黄马就会出现。

相柳是位什么样的神兽？

据《山海经》记载，相柳是上古凶神，是共工的臣子。它有九个脑袋，青色的蛇身，贪婪而残暴。九个脑袋探出去，能把九个山头上的东西都吃掉。禹杀了相柳氏。没想到它身上流出的血奇臭无比，流过的地方，连粮食都不能种。大禹用挖出的土建了一个众帝之台，来镇压相柳氏的毒血。

嫦娥为什么奔月？

嫦娥是后羿的妻子。后羿射日后从西王母那里获得了一颗可以升天成仙的仙药。后羿将仙药交给嫦娥保管，没想到被小人逢蒙知道了，他趁后羿外出，想逼嫦娥把仙药交出来。嫦娥无奈之下，吃下了仙药，被迫飞到了月宫。

夸父最后追上太阳了吗？

没有。无论夸父如何努力奔跑，都没有追上太阳。他被太阳炙烤得口渴无比，于是他一口气喝干了黄河和渭河的水，但依旧没能解渴。他在前往大湖的途中，不幸口渴而死。

在他死之前，他把手里的手杖扔掉了，这根手杖后来变成了两棵非常茂盛的大树，有一片叫邓林的森林，其实就是由这两棵树组成的。

大禹有着怎样的功绩?

大禹治水定九州。大禹吸取了父亲治水失败的教训，走遍天下，考察河流的走向，最后决定疏通河道，让河水一路向东流到大海去。他还根据地势，把天下分为九州，铸造了九个大鼎，把九州的地形特点还有各州的物产风俗都刻在九鼎上。

知识拓展

大禹接受了舜的禅让，建立了中国历史上第一个朝代——夏。

我国测量界的鼻祖是谁?

竖亥，他是上古神之一。据《山海经》记载，他是当时走得最快的人，天帝为了测出地有多宽，就让他从东极走到西极。竖亥一共走了五亿零十万九千八百步，就这样他用自己的步子作为测量单位，测出了大地的尺寸。他长着野猪的脑袋，人的身子。

后羿除了射日，还有哪些功绩?

后羿还斩杀了六大妖兽。后羿不仅拥有强大的力量，还喜欢惩恶扬善、行侠仗义。尧帝在位时，天上十个太阳肆虐，地上六大妖兽横行。后羿在射日前，先后斩杀了六大妖兽。

人类是由谁创造的?

女娲。女娲娘娘一个人很孤独，于是她用泥巴照着自己的样子，捏了很多小泥人。

这些小人一放到地上，就变成了真的人，而且每个都会说话，叫她“妈妈”，从此以后大地上有了人类。还有十位神人，他们都是由女娲的肠子化成的神仙，而且都居住在栗广的原野上，经常出现在道路旁边。

女娲为什么被称为“创世女神、大地之母”？

远古时期，天空突然破裂，女娲熔炼彩石把天上的大窟窿修补好了。她用一只大海龟的四条腿竖立在大地的四方，把头顶上的天空撑了起来。她还平了洪水，杀了猛兽，让人们得以安居乐业。

《山海经》中，地位极高、能力强大的神龙是谁?

应龙，它是黄帝身边的大将，以战神的身份参与了涿鹿之战。应龙在战争中展现出了强大的战斗力，帮助黄帝取得了胜利。它还曾帮助大禹治水，为人类做出了巨大贡献。

西王母是一位怎样的天神？

西王母是古代神话中至高无上的女神。她住在昆仑山上的洞穴里，她头上戴着饰品，有老虎一样的牙齿，豹子一样的尾巴。据说她是创世的神人，掌管着所有女神仙的事务。

在她居住的地方，世间万物，应有尽有。

嫘祖为人类做出了哪些贡献？

嫘祖是黄帝的妻子，品德贤良。她利用蚕丝织出了漂亮的丝绸，并把养蚕的方式传授给大家，让更多人能穿上漂亮的丝绸衣服。

神农为什么要尝遍百草？

远古时期，人们不懂得治病的方法，经常受到疾病的折磨。神农为了了解每一种草的药性，用草来治疗百姓的疾病，决定尝遍百草，他一共记录了三十九万八千种花、草、根、叶的药性，并且教会了人们使用草药治疗疾病的方法。

知识拓展

神农氏即炎帝，被尊奉为“中华始祖”。

中国的省级行政区有哪些？

中国有23个省，5个自治区（内蒙古自治区、广西壮族自治区、西藏自治区、宁夏回族自治区、新疆维吾尔自治区），4个直辖市（北京市、天津市、上海市、重庆市），2个特别行政区（香港特别行政区、澳门特别行政区）。

名称	简称	省会/首府	名称	简称	省会/首府
北京市	京	北京	湖南省	湘	长沙
天津市	津	天津	广东省	粤(yuè)	广州
河北省	冀(jì)	石家庄	广西壮族自治区	桂	南宁
山西省	晋	太原	海南省	琼(qióng)	海口
内蒙古自治区	内蒙古	呼和浩特	重庆市	渝	重庆
辽宁省	辽	沈阳	四川省	川或蜀(shǔ)	成都
吉林省	吉	长春	贵州省	贵或黔(qián)	贵阳
黑龙江省	黑	哈尔滨	云南省	云或滇(diān)	昆明
上海市	沪	上海	西藏自治区	藏	拉萨
江苏省	苏	南京	陕西省	陕或秦	西安
浙江省	浙	杭州	甘肃省	甘或陇(lǒng)	兰州
安徽省	皖(wǎn)	合肥	青海省	青	西宁
福建省	闽(mǐn)	福州	宁夏回族自治区	宁	银川
江西省	赣(gàn)	南昌	新疆维吾尔自治区	新	乌鲁木齐
山东省	鲁	济南	香港特别行政区	港	香港
河南省	豫(yù)	郑州	澳门特别行政区	澳	澳门
湖北省	鄂(è)	武汉	台湾省	台	台北

中国的四大高原分别指的是什么？

高原，指海拔高度在1000米以上，相对高度在500米以上，地势相对平坦或者有一定起伏的广阔地区。中国四大高原：青藏高原、内蒙古高原、黄土高原、云贵高原。

青藏高原

青藏高原是中国最大、世界海拔最高的高原，平均海拔4000米以上，多雪山冰川，被称为“世界屋脊”“第三极”。

内蒙古高原

内蒙古高原是中国第二大高原，同时也是蒙古高原的一部分。草原面积约占高原面积的80%，是中国重要的牧场。

黄土高原

黄土高原是世界上黄土覆盖面积最大的高原，黄土厚度在50～80米，最厚达150～180米。黄土高原矿产丰富，煤矿、铁矿、稀土矿储量非常大，民居以窑洞为传统住宅。

云贵高原

云贵高原大致以乌蒙山为界，分为云南高原和贵州高原两部分，是典型的喀斯特地貌。这里自然环境丰富多样，为各种生物提供了栖息地，同时也孕育了丰富的文化遗产。是世界上公认的自然和文化双重遗产地。

中国的三大平原分别指的是什么？

平原是地面平坦或起伏较小的一个较大区域，主要分布在大河两岸和濒临海洋的地区。中国三大平原：东北平原、华北平原、长江中下游平原。

东北平原

东北平原，又称松辽平原，分为松嫩平原、辽河平原、三江平原三部分，面积达35万平方千米，是中国第一大平原。东北平原土地肥沃，是全球仅有的三大黑土区域之一，机械化程度高，是中国十分重要的粮食产区和商品粮基地。

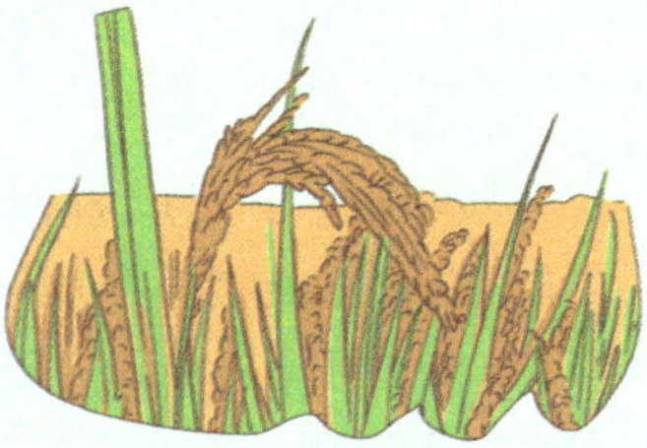

华北平原

华北平原，又称黄淮海平原，由黄河、淮河、海河冲积而成，分为黄河平原、淮河平原、海河平原三部分，地跨北京、天津、河北、河南、山东、安徽、江苏等省市，经济发达，人口众多，交通便利，是中国重要的粮食产区。

长江中下游平原

长江中下游平原，由江汉平原、洞庭湖平原、鄱阳湖平原、苏皖沿江平原、长江三角洲组成，地跨湖北、湖南、江西、安徽、江苏、浙江、上海等省市，河网密布，水量充足，是中国淡水湖群分布最集中地区，适于水稻等粮食生产，素有“鱼米之乡”的美誉。

中国的“三山五岳”中的“三山”分别指的是什么?

安徽·黄山

黄山位于安徽省南部，以奇松、怪石、云海、温泉、冬雪“五绝”著称于世，有“五岳归来不看山，黄山归来不看岳”的评价，被誉为“天下第一奇山”。

江西·庐山

庐山，又名匡山、匡庐，以雄、奇、险、秀闻名于世，素有“匡庐奇秀甲天下”的美誉。司马迁、陶渊明、李白、白居易、苏轼、陆游、朱熹等1500余位文人巨匠登临庐山，留下4000余首诗词歌赋，庐山因此被誉为“人文圣山”。

浙江·雁荡山

雁荡山位于浙江省温州市，分为南雁荡山和北雁荡山，以山水奇秀闻名，有“东南第一山”之誉。

中国的“三山五岳”中的“五岳”分别指的是什么？

山东·东岳泰山

泰山，又名岱山、岱宗、岱岳、东岳、泰岳，位于山东省泰安市，为五岳之首，有“天下第一山”之称。

陕西·西岳华山

华山，又名西岳、太华山，位于陕西省华阴市，地势险峻，有“奇险天下第一山”的说法。

河南·中岳嵩山

嵩山，位于河南省登封市，主要山脉是太室山和少室山，有少林寺、嵩阳书院等人文景观，是中华文明的重要发源地。

山西·北岳恒山

恒山，亦名“太恒山”，古称玄武山、崞山，据有雁门关、平型关、紫荆关等咽喉要冲，自古就是兵家必争之地。

湖南·南岳衡山

衡山，又名南岳、寿岳、南山，主体部分位于湖南省衡阳市。衡山是中国著名的道教、佛教圣地。尊火神祝融为衡山山神、南岳圣帝。

被誉为黄金水道的是哪条河?

被誉为黄金水道的是长江。长江是中国第一大河，横贯中国东西，素有“黄金水道”之称。其干线航道从云南水富港到长江入海口，全长 2838 千米，货运量居全球内河首位。

长江之所以被称为“黄金水道”，主要是因为其优越的自然条件和巨大的经济价值。长江流域自然条件优越，全年可以通航，且地势平坦，适合大型航运船舶通行。长江流域是中国经济最发达的地区之一，沿岸分布着众多工业中心和城市，运输需求量大。长江与纵向分布的铁路网及沿海港口相连，便于水陆联运、河海联运，提高了整个交通网络的效率。它的航运价值促进了沿岸地区的贸易、物流和人员流动，推动了区域经济的快速发展。

被誉为母亲河的是哪条河?

黄河。黄河是中国的第二长河，也是世界著名大河之一，它发源于青藏高原的巴颜喀拉山脉，自西向东流经多个省份，最终注入渤海。

黄河之所以被称为“母亲河”，是因为她孕育了中华文明，是中华民族的发源地之一。黄河流域的气候、地形、土壤等自然条件，非常适合古代人类居住和进行农业生产。历史上，黄河沿岸地区一直是中国的政治、经济和文化中心。黄河的灌溉使得这些地区成为重要的农业区，为中国的社会发展打下了坚实的物质基础。

中国的五大淡水湖分别指的是什么？

鄱阳湖

古称彭蠡泽、彭泽，地处九江、南昌、上饶三市，是中国第一大淡水湖。

洞庭湖

古称云梦、九江和重湖，处于长江中游荆江南岸，是中国第二大淡水湖。

太　湖

古称震泽、具区，位于长江三角洲的南缘，是中国第三大淡水湖。

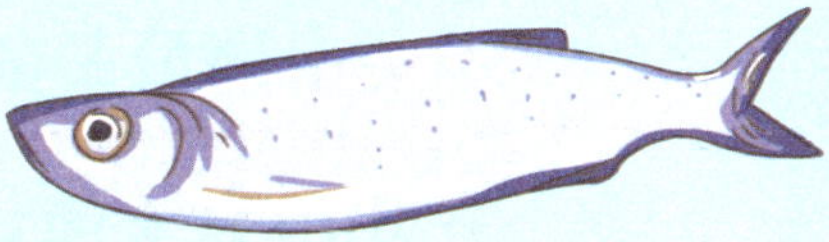

洪泽湖

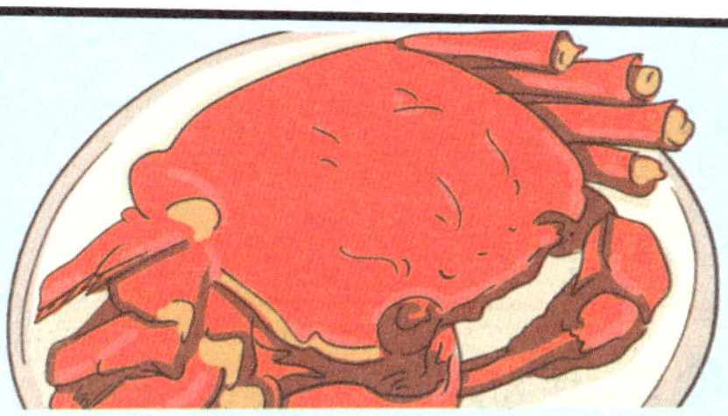

古称破釜塘，位于淮安、宿迁两市境内，是中国第四大淡水湖。

巢　湖

曾称南巢、居巢湖，位于安徽省中部，是中国第五大淡水湖。

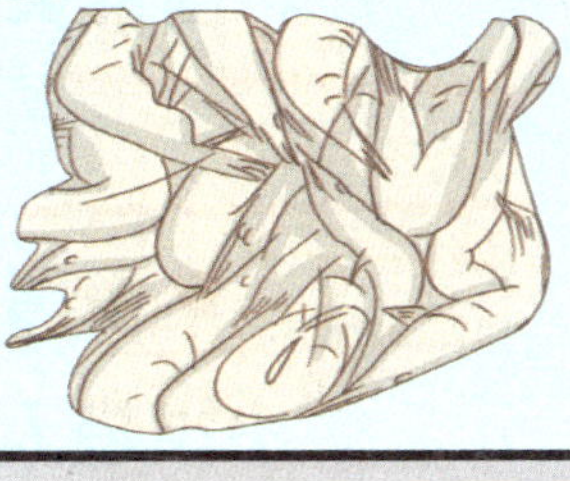

中国有哪些地理之最呢？

- 中国海拔最高的山脉——喜马拉雅山
- 中国海拔最高的山峰——珠穆朗玛峰
- 中国海拔最高的高原——青藏高原
- 中国最大的盆地——塔里木盆地
- 中国最大的沙漠——塔克拉玛干沙漠
- 中国最大的平原——东北平原
- 中国最大的峡谷——雅鲁藏布大峡谷
- 中国最长、水能最富集的河流——长江
- 中国含沙量最大的河流——黄河
- 中国最长的内陆河——塔里木河
- 中国最大的咸水湖——青海湖
- 中国最大的淡水湖——鄱阳湖
- 中国最大的岛屿——台湾岛
- 中国最大的半岛——山东半岛
- 中国最大的群岛——舟山群岛
- 中国最大的海——南海
- 中国最大的内海——渤海
- 中国最大的海峡——台湾海峡
- 中国最大的渔场——舟山渔场